谨以此书献给有志于以化学课堂"有效共识"

为经验载体开展"优质教育经验"异地移植实践与

研究的广大化学教学研究人员和一线教师。

——毛东海

开题研讨会与会嘉宾合影留念

课题组负责人毛东海作开题汇报

上海市教科院原副院长、上海市教育功臣顾泠沅教授指导课题开题

聆听顾泠沅教授指导研究

课题组负责人毛东海作中期汇报

浦东新区教育发展研究院原院长、研究员顾志跃先生指导课题

上海师范大学博士生导师吴俊明先生指导课题

　　构建了优质教育经验异地移植的工作模型、运行机制和工作策略；以化学课堂"有效共识"为经验载体，开展了教育经验异地移植的实践，总结了工作成效与努力方向。

毛东海 ◎ 著

# "优质教育经验"
# 异地移植的
# 运行机制研究

2020 年上海市教育科学研究项目
上海市静安区教育科研成果出版资助

上海教育出版社
SHANGHAI EDUCATIONAL
PUBLISHING HOUSE

图书在版编目（CIP）数据

"优质教育经验"异地移植的运行机制研究 / 毛
东海著. — 上海：上海教育出版社，2024.10. — ISBN
978-7-5720-3172-4

Ⅰ. G633.82

中国国家版本馆CIP数据核字第2024U967R9号

责任编辑　徐建飞

美术编辑　金一哲


**"优质教育经验"异地移植的运行机制研究**
**毛东海　著**

出版发行　上海教育出版社有限公司
官　　网　www.seph.com.cn
地　　址　上海市闵行区号景路159弄C座
邮　　编　201101
印　　刷　上海普顺印刷包装有限公司
开　　本　700×1000　1/16　印张16　插页2
字　　数　252 千字
版　　次　2025年1月第1版
印　　次　2025年1月第1次印刷
书　　号　ISBN 978-7-5720-3172-4/G·2805
定　　价　88.00 元

如发现质量问题，读者可向本社调换　电话：021-64373213

# 用课题的力量"激发智慧,分享经验"

## （代序）

2017年,笔者作为新评选的特级教师,到松江区第四中学(以下简称松江四中)参与支教工作,时间为3年。这既是一个学习、锻炼的机会,又是一个挑战、考验的任务。一是自己的教育经验能否适应当地学生的学习基础、能力,有些担心;二是如何在有限的时间内培养好当地教师,不够自信;三是如何推动当地教研组的可持续发展,而不是"人走茶凉"。

要解决以上问题,需要抓住两点:第一,要把自己的教育经验、研究成果毫无保留、最大效益地分享给当地学校;第二,要用一种合适的载体来凝聚、承载支教工作的方方面面,并对教育经验的异地移植产生有效影响。能支撑、解决以上两个关键点的最佳载体是课题。课题不仅具有创新实践、攻坚克难的基本特点,而且还具有统筹布局、有序推进的实施要求。

2018年5月,研究课题"化学课堂优质教育经验的异地嫁接与融合"被立项为松江区教育科研重点课题,并有两万元研究经费。听到这个消息,笔者非常兴奋,全组教师也非常振奋。因为这是统领3年支教工作的规划,也是松江四中化学教师进行学习、锻炼的指南。

课题的内容是概括、精炼的,而针对课题内容,每天的工作、生活则是具体、琐碎的。笔者在松江四中的966天中诠释着支教工作的意义和情怀,历练着专业技能和生活体验,也一天天地收获着教育经验分享的硕果和研究的快乐。笔者用充实的支教工作推动着青年教师从课堂迷茫走向教学自信。

**主持了100多场研讨活动,推动教育经验的"内涵认知"**

要分享教育经验,首先要让教师明白笔者有哪些教育经验,是怎样的教育观点,核心内容是什么,在教案、课件、作业中是如何体现的。也就是说,要让教师对我的教育经验有深刻的内涵认知。教研活动、备课活动则是解决这个问题的最佳平台。3 年来,笔者主持了 100 多场这样的研讨活动。

教研活动每月一次。为了组织好教研活动,笔者需要做好充分的准备工作。首先,制订研讨主题。笔者的教育经验(化学课堂"有效共识"获上海市教育科学研究院学校科研成果一等奖、"十三五"上海市教师培训共享课程)包括四层级内容系统、六要素策略系统。笔者需要将教育经验进行系列化主题设计,并做好时间上的排序工作。同时,准备好研讨素材。这里主要是对教育经验进行精简的文本梳理和图示化处理,使教育经验的内涵达到浅显易懂的效果。其次,精心准备主讲报告和 PPT 课件,力求培训过程重点突出,效果最佳。最后,活动环境和座位安排尽可能做到宽松、民主,一般排成圆桌会议,便于讨论交流。每次教研活动一个半小时左右。

备课活动每周一次。为了组织好备课活动,需要做好更加充分的准备。首先,自己备课。根据松江四中学生的特点调整教学内容和学习要求,对备课文本进行修改。同时,针对教育经验的结合点进行斟酌和标注,做好指导的充分准备。高一、高二每周各备 3 节课,每节课备 3 份材料:教案、课件、作业。由于这项工作的工作量大,并需要静心研究,我一般在周末完成。随后,在每周二下午,组织相关教师分别进行备课活动。先是高二备课,后是高一备课。

集体备课实行 3 个环节:内容主讲—讨论修改—定稿共享。内容主讲,重点是讲解教育经验融入的契机和教学策略。针对目标的设计,考虑对四层级内容系统的凝练是否科学、合理,既要突出重点,又要兼顾系统;同时要关注化学学科核心素养的培养要求。针对教学过程的设计,考虑对六要素策略系统的体现是否清晰、恰当,既要关注素材的融合、环节的伏笔,又要关注时机的提醒、时间的把握。讨论修改,需要集思广益,广泛听取大家的意见,包括对教学要求的调整意见,以及对教育经验融合的讨论。定稿共享,活动后所有备课资料在教研组内共享。

2018 年下半年,学校安排高二备课组在学校大礼堂向全校教研组长、备课组长展示备课活动,活动反响热烈,得到大家的高度评价。

**公开 300 多节家常课,示范教育经验的实践要领**

上课是支教工作的第一要务,也是分享、传播教育经验的关键环节。上课的目的不只是完成支教工作的任务,其根本的目的是向教师示范把教育经验转化为课堂教学的实践要领,目的是培养教师、发展教师。3年来,笔者经历了高一至高三完整一轮的化学教学,并完成了全程公开家常课300多节。

为了上好公开课,首先对当地学生的学习实际进行全面了解。为此,在进入松江四中的第一周,笔者与化学组全体教师进行了座谈交流,倾听他们的教学需求,同时了解学生的学习基础和能力。另外,笔者还设计学生问卷进行化学学习现状的调查研究。调研结果显示:学生对化学学习是有兴趣的,只是学习的基础和方法有问题。

针对学生的实际,对策略系统进行了再调整。删除了等级考要求的问题(化学选修班除外),优化提问的方式,多搭设提问的坡度;针对教学环节,多使用"引导—探究"教学范式,充分发挥教师的课堂主导作用;针对方法总结,更多地体现在对策略、方法精准的文字总结和简约符号的表达,慎用学习技巧的总结。另外,提供充分的时间让学生记录策略、方法,圈画书本上的内容要点。总之,要让学生听得懂、学得会、做得来,同时不降低对立德树人的要求,"向美生长"的办学宗旨不偏离。

**听评160多节研究课,指导教育经验的实践体验**

青年教师是培养的重点,也是教育经验移植的关键群体。在备课、听课后,他们的课上得怎样,能否将"有效共识"的观点体现出来,必须在听他们上课后才能感受到;同时,在评课时研讨存在的问题,为他们指引今后努力的方向。3年来,听评各种类型的课(主要是家常课)160多节。

支教工作的第一年,每周听评青年教师4节课,第二年降为每周2节课,第三年降为每周1节课。听课表是提前一周排好的,事先在群内预告,要求没有课的教师尽量参与活动,评课活动一般在当天完成。首先是开课者说课,主要是反思教育经验自主运用的意识和效果;其次是团队评课,从旁观者角度研讨实践中教育经验的成功、问题和努力的方向,达到专业引领和同伴互助的双重功能。每次评课的时间在1小时左右。每次听评课活动,教师态度积极,发言踊跃,精神饱满。

对教师在实践探索中出现的一些思想问题、专业错误,必须及时指出甚至严肃批评,并耐心帮助他们改正。记得有一次听小张老师的"氯气"一课,他一瓶氯气都没有带进教室让学生看一看,所有的化学实验都采用视频或 flash 动画代替。评课时,笔者非常生气,说:"这些实验成功率都很高,基本没有污染和安全隐患,你为什么不到实验室上课,当堂做给学生看呢?"小张老师说:"准备化学实验要花费大量时间。这些视频都是现成的,效果也不错,我就直接用了。"笔者说:"如果污染严重或有安全隐患的实验,确实应该用视频代替,但是这几个实验都是没有问题的。视频实验的证据效力比真实实验的要差很多,教学效果必然会大打折扣;同时,削弱了对学生'证据推理与模型认知'化学学科核心素养的培养。如果为了图方便、省时间而忽略了对学生学科育人的培养,那么教师工作的意义又在哪里呢?"听了笔者的话,他陷入了沉默,脸颊上渗出了汗珠。后来,在其他平行班上课时,小张老师将大多数的化学实验均进行了当堂演示,尽管多花了时间准备,但教室里学生的欢呼声、鼓掌声完全出乎他的意料。事后,他在教案札记中写道:"真实的证据对培养学生的化学兴趣、提升课堂教学的效果真是太重要了,我以后一定要引以为戒。"

**研发 50 多万字课程,形成教育经验的"沉淀载体"**

以校本课程为载体沉淀教育经验,一方面,可以保留教育经验移植、吸收的痕迹,作为后续培养青年教师的重要资料;另一方面,可以方便在原有经验基础上进行调整、发展和积累,并最终形成教研组的教学经验或教研特色。

校本课程的研发,实际上是对经验输出方的校本课程(包括每一节新授课和专题复习课的教学设计、教学课件、配套练习)进行本土化改造。这项工作,笔者主要是依托备课活动来完成。例如,本周的备课活动,重点研讨针对本校的学生实际,如何修改校本课程,包括教学内容、学习水平、教学方法等,并形成初案文本;在经过团队的听课评课、教师的自主课堂后,在下周的备课活动中,对初案文本进行调整、修改和定稿,并形成电子化课程资料。

每一次校本课程的研发活动都是在浓厚的研究氛围中进行的,都是在激烈的思想交锋中达成共识的。记得有一次,讨论以怎样的方式将核心素养的培养要求体现到教学设计中,大家争得面红耳赤。一种意见认为,在教学目标的描述中适当体现就可以了,其他地方不必太较真,考虑太多。但是,教学目标中融入核心素养的文字描述具有相当难度,每节课都这么做几乎是不可能完成的,而且有一定的主观判断的风险。另一种意见认为,在教学过程的设计中要标注清楚支撑载体，否则无法落实。但是，每节课都要做到这一点，研究的难度和工作量也是相当大的。最后，在笔者的建议下，采用标注提醒的方式，既降低了教学研究的难度，又提高了课程研发的效率。例如，在知识与技能目标"知道氯气的物理性质"后面标注"宏观辨识"；在教学过程"（引言）氯气可以消毒杀菌，可用于自来水的生产"后面标注"社会责任"等核心素养，以初步明确落实的契机和素材，为教师的自由发挥提供方向和余地。这样的做法受到大家的普遍欢迎。同时，还达成共识：核心素养的培养、设计不必面面俱到，以其中一两个维度为主、其他维度兼顾的策略开展实践探索。

通过 3 年的艰苦努力，基于化学课堂"有效共识"的松江四中校本课程已研发完成，共计 50 多万字。校本课程的研发成果会随着教学轮回而不断完善、发展，将成为教研组积淀教学经验、凝聚教研特色的重要基础。

通过 3 年的课题研究，青年教师成长迅速，课堂效益显著提高，化学教学质量多次实现历史性突破，引起区内同行和专家的高度关注。同时，教育经验的移植研究也收获了丰硕成果。

2020 年 6 月，笔者的支教工作结束，区重点课题结题，而市级课题"优质教育经验异地移植的运行机制研究"刚立项、启动。于是，课题研究又进入了一个更具挑战性的阶段。笔者的后续目标是：依托市级课题的力量，进一步提炼支教工作的经验，力争为上海市特级教师流动工作提供成功案例。

毛东海

（本文入选上海市特级教师特级校长联谊会主编的《拔节生长一千天——特级校长、特级教师流动工作亲历记》，上海教育出版社，2021 年，另载于《上海教育》2021 年第 25 期。）

# 前　　言

2017年,笔者作为新评选的特级教师被市教委派往松江四中参与支教工作,时间为三年。为了不辱使命,做好支教工作,笔者提出了课题"化学课堂优质教育经验的异地嫁接与融合",希望尽自己所能为当地学校的化学学科建设贡献力量。2018年本课题成功立项为松江区教育科研重点课题,通过两年的实践与探索,课题取得了丰硕成果。为了深化研究工作,课题"'优质教育经验'异地移植的运行机制研究"成功立项为上海市教育科学研究项目。

本课题的研究目标是:以上海市久隆模范中学的化学经验——化学课堂"有效共识"为载体,进行异地移植的实践探索,并建构教育经验异地移植的工作模型、运行机制和工作策略。同时,总结研究工作的成效和经验。

本课题的研究内容有四项:第一,进行实地调研,把握教学现状。这项工作主要通过座谈访谈、问卷调查的方式完成。第二,提炼"父本""母本",形成经验移植的基础。这项工作是在前期调研的基础上展开的。第三,建立运行机制,推动经验移植的高效运作。这是本研究的重点和关键。研究核心是建构教育经验移植研究的工作模型、运行机制和工作策略。第四,评估研究工作的成效与问题。这是本研究的难点。主要通过跨区(校)的循证实践、典型考试的数据和教师专业发展的信息开展评估工作。

本课题主要采用行动研究、质的研究、案例研究、循证研究等方法,并突出行动研究。研究中努力把对经验移植运行机制的理性探索和化学课堂"有效共识"的实践研究融为一体,并促进互动发展;把课题研究的有序推进、课堂质量的优化提高和青年教师的专业培养有机结合起来,并推动其共同发展。

由于支教工作于2000年6月结束,而市级课题的研究刚开始。因此,本课题的研究方式为:前两年(2000年6月—2022年6月),课题进入回溯实践的反思、总结阶段;同时,通过每两周一次的网上教研和每月一次前往松江四中实地教研,不断深化研究工作。

最后一年(2022年8月—2023年6月),课题进入循证研究阶段,重点运用先前构建的运行机制、对话机制,以"有效共识"教育经验为载体,开展循证实践,汇集相关的成效证据。建立了跨越4个区(浦东新区、闵行区、松江区、静安区)、由13所学校、26位教师参与的高中化学新教材区际联合备课群,每周四晚上(19:00~20:30)进行线上备课活动。每次活动,研讨基于化学课堂"有效共识"的备课资料,包括一周的教案、课件和配套练习。所有资料全部共享。另外,经常开展视频课观摩研讨活动。一年后,收集相关证据,进行成效分析。

关于"教育经验移植问题"的探索,笔者在核心期刊《化学教学》发表文章4篇,在《中学化学教学参考》(上半月刊)发表论文6篇,荣获上海市教科院普教所教育科研实践智慧征文一等奖、上海市中学化学教学论文一等奖、上海市化学化工学会论文评选一等奖;3次荣获松江区、静安区教育科研成果评选一等奖。在参加教育部2022年国培计划期间,撰写的"有效共识"教师培训方案被评为优秀培训方案。另外,指导青年教师在《中学化学教学参考(下半月刊)》《化学教与学》等专业刊物发表论文9篇,其中2篇论文获职评论文A档,1篇获职评论文B档;区级以上教学、科研获奖20多项。

感谢静安区教育学院科研室对本课题的指导和帮助;感谢久隆模范中学、松江四中对本研究的大力支持;特别感谢松江四中和课题组全体成员为本课题付出的辛勤劳动。课题开题阶段,邀请著名专家顾泠沅、吴俊明对本课题的研究方向、重点提出的宝贵意见;中期汇报阶段,邀请著名专家顾志跃、吴俊明对研究中的问题、不足进行诊断、把脉;课题结题阶段,邀请特级教师、正高级教师张才龙对文稿提出修改意见。在此一并表示衷心的感谢和崇高的敬意!

毛东海

2023年6月

# 目　　录

## 课题研究概述

## 课题研究成果

# 附录

课题研究概述

# 主题一 文献综述

在"中国知网"平台,以"经验移植""教育经验移植"为关键词进行搜索,找到10篇参考文献。以"教育经验推广"为关键词进行搜索,找到76条信息,内容基本上都是新闻类报道或行政部门组织的经验推广活动的介绍,参考价值不大。10篇参考文献的主要观点如下(文献篇目见参考文献1~10)。

## 一、理论成果

### 1. 教学经验移植的内涵

教学经验移植主要是指教师在现有教学实践的基础上,借鉴和引进外来的先进教学经验,经过自己深加工后再用于自己的教学实践,以期提高自身的教学水平和改善教学质量。这个概念是从经验接受方角度建立的。

### 2. 教学经验移植的过程

新手教师进行教学经验移植有以下四个步骤。第一,选定需要移植的教学经验。第二,生成移植的"父本"。第三,确认移植的"母本"。第四,实现融合创新。"父本"和"母本"之间的相互作用,是一种创造性行为。成熟教师在学习和移植别人的教学经验时,一般经历三个步骤。一是对别人的教学经验进行思考和加工,抓住经验实质,找到理论根据。二是对照他人的经验,找出自己的差距。三是对经验进行再创造,使之内化为自己的东西,然后再次输出。以上两种经验的移植过程也是从经验接受方角度提出的。

教学改革一般是从技术层面变革开始的,因为技术层面的东西容易被人感受和认识。作为教学实践活动灵魂的教学理念或思想具有相对稳定性,改造难度大,因而是移植改造的重点。教学经验很难通过报告会、座谈会、教学感想、书面总结等方式向外界推广。交往沟通是教学经验移植的必经环节。教学经验移植的成功标志是个体知识。这里强调教学技术、教学实践、交往沟通对经验移植的重要性。

3. 教学经验移植的条件

第一,移植对象只有在接受者感到其具有较高价值时才可能成为被选择的对象。同样,移植接受者必须发现自身教学经验与移植对象之间的差距,并有明显的预期效果,才有进行移植的需求。第二,缄默知识不能直接移植,只能靠自己去领悟。第三,选择相同学科或相近学科的教学经验进行移植可以增强教学经验的适应能力。第四,教学经验移植往往是一个反复多次的磨合过程,表现为一种学习意识或欲望。这里经验移植要有主观意愿,要有成果和质量为保证,要关注成果的适应性和移植的长期过程。

4. 教学经验移植的方法

经验移植的方法除了要遵循研究的一般方法与要求外,还必须注意以下问题:一是认真研究经验的内涵,确保在实践前对该经验有较清晰的认识。二是按照经验的原貌和要求认真进行教学实验,包括经验实施的步骤和过程、方法和措施等。三是准确观察和记录实践的过程及发生的所有现象。四是根据研究的实际情况,对其中不适合部分进行必要修改。这里强调经验移植要规范、有序、严谨,要有所选择和创新。

教学经验移植主要有两种方法。第一,直接教学经验移植,主要包括听课、师徒指导法。第二,间接教学经验移植,主要包括读书和回忆。相比之下,我们认为第一种方法更有效。

## 二、实践成果

赵化斌、王洋从体育教师角度谈了对教学经验移植的看法和做法。朱铁成从物理学科角度对教学经验移植法做了探索。胡苗苗从公开课研究角度论述了教学经验移植的合理性、局限性及移植过程。这些案例,都是从经验接受方角度进行研发的。

综上所述,文献中的成果主要是从教师学习经验角度去认识教学经验的移植问题,是针对经验接受方自主性经验移植行为,提出的一种理解、过程、策略或注意事项。例如,新手教师、老教师的经验移植步骤和实践案例。移植的教学经验一般是成熟的、固化的、以理论为主的优质经验。在这样的移植研究中,教师个体是移植工作的主体,教师的主动需求是移植工作的动力,教师的自主学习是移植工作的核心。

文献资料中没有提到，作为教学经验的研发者、持有者和输出方，如何在特定的机会和条件下开展教学经验移植研究，如何对学科管理、校本教研、课堂引领等关键要素进行综合考量、构建基于教学经验移植合理的工作系统及高效的运行机制。这部分工作在当前的教育改革中显得日益重要。

# 主题二　研究背景

2017 年，笔者有幸作为新评选的特级教师，被市教委派往松江四中参与支教工作，时间为三年。如何不辱使命做好支教工作？笔者认为，关键是要把自己的教育经验、研究成果以合理、科学的方式毫无保留、最大成效地分享给当地学校，促进教研组建设和教师专业发展。由此，笔者提出了本课题的研究，并成功申报为 2018 年松江区教育科研重点课题。在研究工作的持续推动下，本课题于 2020 年又立项为上海市教育科学研究项目。①

# 主题三　课题内涵

## 一、什么是"优质教育经验"②

要移植、分享"优质教育经验"，首先要明确什么是"优质教育经验"。"优质教育经验"的内涵、特征和功能是怎样的？它具有哪些类型及表现形态？

---

① 2020 年上海市教育科学研究项目(编号:C20049).
② 毛东海."优质教育经验"异地嫁接与融合的探索[J].中学化学教学参考,2018(12):54-56.

1. "优质教育经验"的形成和内涵

教育经验是指教育工作者在教育实践中获得的从事教育活动的有效知识、技能、情感和情绪体验。其日常表现为:在施教过程中,教师丰富或改善了作风及风格,提高了业务素质和工作技能,优化了教育过程和教育效果。① 那么,作为"优质教育经验"还须在此基础上强调两点:其一,经验的内涵稳定、清晰;其二,实践的效果明确、明显。前者指向经验的本质特征;后者指向经验的实践效果。因此,笔者认为,"优质教育经验"是指教育工作者(研究者)经过长期的实践研究,积淀形成的对特定的教育领域或方面具有明显的指导作用和效果的思想、观念或经历、体验。由此推论,化学课堂"优质教育经验"是指化学教育工作者(研究者)在化学学科的实践研究中形成的并服务于化学课堂发展的思想、观念或经历、体验。

2. "优质教育经验"的特征和功能

本课题中的"优质教育经验",主要指向学科教学经验。笔者认为,这样的教育经验应具有以下特征:

第一,产生并服务于本学科的课堂实践

一方面,研究的领域要针对本学科的课堂实践,是对本学科专业知识的科学性、教学方法的针对性或信息技术的有效性开展研究,从而形成有价值的研究成果。另一方面,经验形成的途径或土壤主要在课堂,是对课堂实践进行长期的体验、细心观察和分析探究后形成的并回馈于课堂实践的一种研究成果。例如,陈进前老师撰写的《基于化学学科核心素养发展制订教学目标》(《化学教学》2018年第7期)是针对当前化学课堂中核心素养的培养,从教学目标设计角度开展的研究;保志明老师撰写的《证据推理与模型认知:"化学键"的教学与思考》(《中学化学教学参考》2018年第7期)是针对化学课堂中核心素养的具体维度"证据推理与模型认知"的培养开展的案例研究……可以说,中学化学教育期刊中的大部分文章都孕育、发展并服务于化学学科的课堂实践。

第二,蕴含并表现本学科的思维活动

美国著名教育家杜威说过:"没有某种思维的因素,便不可能产生有意义的经验。"判断教师有没有丰富的教育经验,不能仅看他是否从事教育教学工作,或

---

① 赵洪涛.教育经验总结法探析[J].现代教育科学,2008(2):62 - 63.

从事教育教学工作时间的长短，更重要的是要看他对自己所从事的教育教学工作是否不断地进行深入思考，是否不断地提高教育教学工作的质量和成效。① 例如，上海师范大学吴俊明教授，长期致力于化学思维活动研究，众多成果不断使全国化学同行受益，推动化学课堂的变革；重庆巴蜀中学特级教师刘怀乐老师，几十年潜心于中学化学教学研究，尤其以"化学实验和化学学科疑难知识"的研究为同行所熟知。他们的研究成果，不仅凝聚了对化学课堂的深度理解与教学智慧，而且充满着化学学科特征的思维探究。

第三，在本专业领域得到认可并传播

"优质教育经验"一定得到本领域专家的认可，或在权威的专业平台、学术活动中有过主题交流、汇报或展示，或在一定的区域范围内进行过成功的推广研究。例如，江苏省南通中学陆军老师、杭州学军中学肖中荣老师、南京市金陵中学江敏老师，他们在化学专业期刊发表了大量的研究成果，被大家共享。2018年6月，《中学化学教学参考》成功举办"2017年版高中化学新课程学习及教学实践研讨会"，除了邀请王祖浩、郑长龙等著名教授做专题报告外，还邀请了江敏、保志明、肖中荣等一线教学专家展示、分享他们的研究成果。这样的研究活动既是对教育经验的充分肯定，更有力地推动了教育经验的分享和传播。

3. "优质教育经验"的类型及形态②

笔者认为，根据教育经验的形成过程、表现形式及依附载体，"优质教育经验"可分为以下类型及形态：第一，直接经验和间接经验。例如，自己总结的经验、团队形成的经验是直接经验；别人的经验、书本上的经验是间接经验。第二，实践操作经验和思想认知经验。例如，实验操作、多媒体操作、组织活动等属于实践操作经验；教育思想、教学观念、教学策略等属于思想认知经验。第三，系统经验和零碎经验。例如，关于对教学内容各层面的认识，对教学策略的结构、要素的认识属于系统经验；某个实验的操作注意点、某个知识点的教学处理等属于零碎经验。第四，稳定型经验和过程型经验。例如，教育思想、教学风格、实验探究的习惯等属于稳定型经验；实验改进的阶段性探索、教学设计的轮回优化等属于过程型

① 赵洪涛.教育经验总结法探析[J].现代教育科学,2008(12):52-63.
② 毛东海."优质教育经验"异地嫁接与融合的探索[J].中学化学教学参考,2018(12):54-56.

经验。第五,纸质化经验和电子化经验。例如,出版的著作、论文等属于纸质化经验;动画、图片、录像等属于电子化经验。总之,对经验分类的方法、结果、看法不一。笔者认为只要有利于对优质经验的理解、分享和传播就值得探讨。

异地嫁接、融合教育经验具有一定的风险,对教育经验的质量要求比较高。它一般经历了较长的研究历程,经受了实践的考验,研究成果相对丰厚,并积累了一定的传播经验。这样的"优质教育经验",在类型归属上一般属于直接经验、稳定型经验和系统经验。它通常既含有思想认知层面的经验成分,也含有实践操作层面的经验成分。同时,它会力求通过发表、出版的途径来形成一定的纸质化经验。

4. 本课题中"优质教育经验"的内涵

这里的"优质教育经验"是指上海市久隆模范中学历时十五年(2007—2022年)形成的教研成果——化学课堂"有效共识"。这是研究团队共同达成的关于化学课堂有效教学的思想认识与实践经验,包括"四层级"内容系统(知识→方法→观念→文化)、"六要素"策略系统(目标←线索⇄结构⇄问题⇄环节⇄方法);其系统认识和实践模型如图1所示。研究成果于2012年荣获上海市教科院学校教育科研成果一等奖;2013年立项为上海市教委教研室实践研究项目;2014年被评为中国化学会全国新课程实施精品课程;2016年被评为"十三五"上海市教师培训共享课程①②;2022年荣获上海市教科院普教所"教育科研高质量发展的实践智慧"征文一等奖。在研究过程中出版专著1本,在化学专业期刊发表论文30多篇,获中国化学会等专业学会成果奖20多项(其中一等奖、特等奖10多项)。

根据文献研究,选择移植的教育经验需要具有典型性和代表性,即具有广泛的群众基础。这样的教育经验才能推动教学改革持续进行,才能具有改善教学的实际效果。③ 十多年来的研究实践表明,本成果具备这些条件。④

① 毛东海.化学课堂"有效教学"研究[M].上海:上海教育出版社,2012.
② 毛东海."长课题":教研组特色、教师成长的孵化器——化学课堂"有效共识"研究10年回顾、总结与反思[J].中学化学教学参考,2017(11):61-66.
③ 高金锋,李森,王小丽.论教师的教学经验移植研究[J].学前教育研究,2008(11):18-20.
④ 2013年"化学课堂'有效共识'研究和实施"立项为上海市教委教研室实践研究项目;在市北中学、久隆模范中学、闸北区第八中学、上大市北附中、田家炳中学、风范中学等六所学校开展经验移植试点研究.

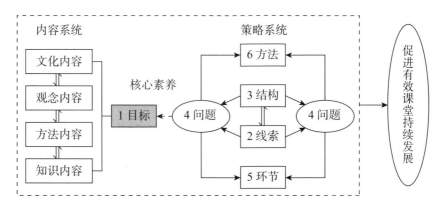

**图1 化学课堂"有效共识"系统的认识和实践模型**

## 二、什么叫异地移植

本课题中的异地是指除了上海市静安区以外的其他区中具有高中教育资质的高级中学或完全中学。异地移植，包括异地嫁接、异地融合两个层面。

异地嫁接是指将用于移植的教育经验以某种外在、显性、可接受的技术形态呈现出来，并衔接到当地学校的教育载体及活动中，以达到教育经验传播的目的。例如，2017—2020年，笔者将化学课堂"有效共识"的校本课程（包括教学设计、教学课件和配套练习）在松江四中进行本土化改良和选择性实施。

异地融合是指将用于移植的教育经验中的观念、模式或做法通过校本教研、课堂实践内化为当地教师认知结构中的一部分，成为指导教师开展教学活动的思想原则或策略依据。例如，2017—2020年，笔者将化学课堂"有效共识"中的内容系统、策略系统（即教学主张、教学模式），通过培训、研讨、实践被松江四中的化学同行理解、接受。显然，经验融合是经验移植的研究重点，也是研究难点。

需要注意的是，教育经验移植研究中，除了嫁接、融合阶段外，实际上还有创新阶段，或者说，融合阶段本身蕴含创新的特质和成分。教育经验的创新和发展是一个长期的过程，它与研究者的思想提升、教育实践的拓展深化同步发展，并在条件成熟时进一步寻求突破或蜕变。

### 三、课题内涵:"优质教育经验"异地移植的运行机制研究

这里的运行机制是指在教育经验移植中由影响经验移植效果的关键因素(如经验观点、校本教研、课堂实践等)组成的系统结构,以及其对经验移植发挥作用的原理、过程和具体的运行方式。运行机制构建的合理性、协调性和高效性对经验移植的效益会产生重要影响。

本课题以上海市久隆模范中学形成的教研成果——化学课堂"有效共识"为研究载体,探索优质教育经验异地移植的工作模型、运行机制与工作策略。

# 主题四　研究意义[①]

从学校教育的要求和教育发展的形势角度分析,本研究具有以下的意义和价值。

## 一、实现经验本身的价值

化学课堂"有效共识"是化学学科教学经验,希望这种经验能更多地服务于学校的化学学科建设和化学教师的专业发展,更好地实现经验本身的价值。经验本身的价值主要体现在培养人和提高化学课堂的效果上,这两方面又是紧密结合的。

"优质教育经验"移植的阵地是化学教研组、化学课堂,传播的对象是化学教师。换句话说,教育经验移植的过程就是推动化学教研组、化学教师专业能力不断发展的过程,包括专业知识、教学观念、教学能力、课程建设等。只有这样,教育经验的移植研究才能实现其核心价值,即培养人的价值。

---

① 毛东海."优质教育经验"异地嫁接与融合的探索[J].中学化学教学参考,2018(12):54-56.

## 二、解决当前存在的问题

当前,跨区、校的教师流动成为上海市教育改革的亮点,有特级校长(教师)三年流动、名师工作室定点带教、教育集团结对发展等。教师流动的目的是分享、传播优质教育经验,实现共同发展。如何提高流动教师群体的工作效益,使他们的优质教育经验在有限的时间内尽早开花结果,对当地的学校教育、管理产生影响,这是摆在我们面前亟待解决的问题。本课题研究有助于推动对这一问题的关注和落实,并最终实现其优化发展。

## 三、完善当前的研究成果

前面述评中提到,当前的研究成果主要是从教师作为学习实践者的角度去认识教育经验移植的问题,教师个体是经验学习的主体。作为教育经验的研发者、持有者和输出方,如何在特定的机会、条件下主动地去开展教育经验移植的"临床"研究,构建基于"教育经验移植"合理的工作系统及高效的运行机制,当前尚缺乏这样的研究。这样的研究,至少可以在以下两方面对教育经验产生影响。

第一,获取教育经验移植的条件。教育经验的异地推广必然会带来文化、观念、方法、习惯等方面的不适应或局限性,其中哪些成果可以推广,哪些成果附条件推广,哪些成果不能推广,都值得研究、探讨。

第二,促进教育经验的内涵发展。通过在不同地域分享、传播"优质教育经验",可以实现"优质教育经验"的内涵发展,即"优质教育经验"可以随环境变化实现自身优化、动态发展,生成特定环境下的经验分支。

# 主题五 研究目标

第一,探索"优质教育经验"异地移植的前提条件、工作模型、运行机制与工作策略。

第二,开展化学课堂"有效共识"的异地移植实践研究,总结研究工作的成效与问题。

# 主题六　研究内容

## 一、进行实地调研,把握受援学校的教学现状

经验移植中必须立足"母本"基础,考虑"父本"的生成。这里的"母本"是指当地学校在经历自我扬弃后形成的教学环境和相关资源,其中剔除了不利于提高教学质量和推动教学改革的部分,保留了积极、合理的部分。这里的"父本"是指从优质教育经验中遴选出的合理成分。为此,对受援学校进行深入的教学调研(包括学校的办学特点,化学组教师的专业发展现状和需求,当地学生的学习基础、能力和兴趣等),这既是提炼"父本"的重要依据,同时也是修正"母本"的前提条件。调研的形式主要是问卷调研和教师访谈。

## 二、提炼"父本""母本",形成经验移植的基础

作为移植对象的教育经验,不能直接作为移植的"父本"(即供体),因为它只是从教育实践活动中抽象总结出来的、概括化的教育经验,其中蕴含不能言传的缄默知识,并且教育经验本身同其在特定环境条件下的应用是完全不同的两回事。因此,"优质教育经验"必须结合当地的教学实际作进一步提炼,遴选出其中适合移植的合理部分;同时要对当地的教学环境和相关资源进行深入分析,剔除或修正其中不利于提高教学质量的部分,形成经验移植的"母本"。

## 三、建立运行机制,推动经验移植的高效运作

教育经验移植是一个系统工程,关乎教育经验移植的规律,关乎校本教研的效益,关乎教师课堂教学的能力、自主学习的动力等。建构合理、协调、高效的运行机制是推动教育经验移植成功和成效的关键。建构的运行机制,应体现对教

育经验本身的学习与内化,应凸显对不同层面教研活动的研究,应建立平等对话的管理机制,以及重视教师二次经验的形成和发展等。

### 四、依托多种途径,评估研究的成效与问题

研究工作的实际成效必须通过循证途径、手段来完成。具体设想如下:第一,以联盟校或全区的统测数据为参照,分析、评估化学学科成绩、质量的变化;第二,聘请学科专家,以观课形式评估青年教师教学能力的发展;第三,以学生座谈会、选课等方式,了解学生对化学学习的兴趣和成效;第四,建立跨区、校的教研联合体,开展较长时间的循证实践,搜集、分析成效证据。这项工作是本课题的研究难点。

# 主题七　研究方法

### 一、行动研究

将"有效共识"的研究成果运用于松江四中等学校,边实践推进,边完善策略,修正方案,实现研究和反思的互动发展。

### 二、质的研究①

研究者作为支教的教师长时间融入当地教育环境(三年),既参与课堂教学又组织研究工作,与全组教师融为一体,共同体验研究工作的艰辛和快乐。

### 三、案例研究

规定教学案例的研究任务,锤炼青年教师的研究能力,记录他们的专业成长;开展视频案例的分析研究,检验和推动教学实践知识的形成。另外,组织青

---

① 陈向明.质的研究方法与社会科学研究[M].北京:教育科学出版社,2000.

年教师以案例故事的形式总结在教育经验指导下专业发展的经验等。

### 四、循证研究

借助一定的测量工具和技术手段,对优质教育经验(化学课堂"有效共识")在实施前后的效果进行检测,作为评估研究成效的重要依据。

# 主题八　研究思路

首先,在对学校进行教学调研的基础上,提炼、选择"优质教育经验"(化学课堂"有效共识")的移植内容(即"父本"),改造、确认经验移植的对象、环境(即"母本")。其次,构建教育经验移植的工作模型、运行机制,形成经验移植的工作策略,并同步开展移植实践研究。再次,在此基础上,进一步开展教学实践知识和对话机制研究。最后,开展循证研究,进行效果检测和成效总结。

# 主题九　研究阶段

1. 支教工作期间,化学课堂"有效共识"的移植实践(2017 年 10 月—2020 年 6 月)。

2. 完善文献资料,举办开题研讨会(2020 年 3 月—2020 年 6 月)。

3. 课题立项后,化学课堂"有效共识"的移植实践(2020 年 9 月—2022 年 6 月)。

4. 课堂实践案例研究,青年教师成长案例研究(2020 年 9 月—2022 年 6 月)。

5. 形成中期报告,举办中期研讨会(2021 年 10 月—2022 年 6 月)。

6. 开展循证实践,形成结题报告,完成结题评审(2022 年 6 月—2023 年 5 月)。

# 主题十 研究分工

1. 松江四中教学现状的调研,"父本""母本"的提炼(课题负责人、高一备课组)。

2. "优质教育经验"异地移植的工作模型、运行机制与工作策略(课题负责人)。

3. 基于化学课堂"有效共识"的教研活动案例研究(课题负责人)。

4. "优质教育经验"异地移植的案例研究、教学实践知识的提炼研究(青年教师)。

5. 青年教师专业成长的案例研究(青年教师)。

6. 校本教研活动的组织与实施(课题负责人和教研组全体成员)。

7. "优质教育经验"异地移植的循证实践(课题负责人和4个区13所学校的化学教师)。

8. 松江四中化学校本课程的研发(教研组全体成员)。

9. 结题报告(课题负责人)。

# 主题十一 研究成果

## 一、建构了一个工作模型、两个工作机制、三种教研模式

一个工作模型:"优质教育经验"的移植研究,既要遵循教育经验移植规律,又要依托校本教研平台;通过组织合理的教研方式,发挥最佳的教研功能,来推动研究工作的深入并提升质量效益(见图9)。

两个工作机制:一是"优质教育经验"异地移植的运行机制,包括内涵认

知、要领感知、实践体验、经验沉淀、自主运用等五个运行环节(见图 7);二是基于教育经验异地移植的对话机制,包括对话主体、对话素材、对话主题、对话内容、平等对话、对话方式等六个关键要素(见图 8)。两个工作机制是本课题的核心。

三种教研模式:凸显个人教学反思的教研模式,凸显备课组课程研发的教研模式,凸显教研组同伴互助的教研模式(见图 12～14)。

### 二、开展教育经验移植中教学实践知识的研究和实践

提出教育经验移植中教学实践知识的特殊性,并从教研活动的五个层面构建了将教育经验转化为教学实践知识的工作策略与关系模型(见图 23);开展了案例研究,并形成了丰富的实践成果。

# 主题十二　研究结论和后续展望

通过三年的支教工作(2017—2020 年)和本课题三年的研究工作(2020—2023 年),可以得出两点研究结论,并对后续研究有三点展望。

### 一、两点研究结论

实践证明,建构的工作模型、两个工作机制、三种教研模式是可行的、可靠的、有效的。研究成果对促进教育经验移植的工作实践、提高教师的课堂教学效果、促进教师的专业发展起到了显著的作用。

化学课堂"有效共识"作为教育经验的载体,在整个研究活动中起到了关键作用。一是佐证了上述两个工作机制的可行性、可靠性;二是对化学课堂直接起到了指导和推动作用。研究表明,化学课堂"有效共识"的教学主张是经得起实践检验的(见图 6)。

## 二、三点后续展望

本研究存在的主要问题:第一,参与循证实践的区域和学校不够广,教师人数不够多,只有 4 个区、13 所学校的 26 位教师参与研究成果的循证实践,循证结论和效果的说服力还不够强。第二,开展循证研究的教学内容还未深入高中化学全部新教材,仅限于上科版高一年级的必修教材。选修教材的难度更大,内容更多,要求更高,研究成果是否适合运用、推广,有待进一步研究。第三,"有效共识"课堂教学评价的研究进行得还不够深入,与研究工作的推进、课堂实践的发展有待形成进一步合力。

后续研究有三点展望:一是扩大循证研究的范围,将选择全市更多的区、校、教师参与研究,进一步循证教育经验异地移植运行机制、对话机制的可行性和可靠性。二是把研究内容逐步拓展到高二、高三化学的选择性必修教材,进一步检验化学课堂"有效共识"在上述两个机制推动下的课堂实施效果。三是进一步开展"有效共识"课堂教学的评价研究,推进教育经验移植研究的深度发展。

# 参考文献

1. 赵洪涛.教育经验总结法探析[J].现代教育科学,2008(2):62-63.

2. 高金锋,李森,王小丽.论教师的教学经验移植研究[J].学前教育研究,2008(11):18-20.

3. 高金锋,王小丽.教学经验移植:新手教师的成长策略[J].当代教育与文化,2010(6):94-96.

4. 吴刚平.教育经验的意义及其表达与分享[J].全球教育展望,2004(8):45-49.

5. 刘澍,杨娟.经验移植:教学实践性知识生成过程中的意向性觉知——以基础课教学为观察对象[J].中国高教研究,2013(4):107-110.

6. 闫晓风.怎样移植别人的教学经验[J].普教研究,1994(6):40-41.

7. 金春兰.教学研究方式之二——移植研究(上)[J].黑龙江教育,2001(5):17.

8. 赵化斌.论体育教师教学移植研究[J].科技信息,2010(31):586.

9. 朱铁成.物理教学移植研究法[J].宁波教育学院学报,2002(6):40-42.

10. 胡苗苗.有效教学视角下的公开课教学经验移植[J].教学与管理,2016(4):98-100.

11. 陈向明.质的研究方法与社会科学研究[M].北京:教育科学出版社,2000.

12. 孟霞光.校本教研:教师专业发展的有效途径[D].济南:山东师范大学,2005.

13. 汤立宏.校本教研专论——中小学教师人力资源开发与专业发展研究[M].北京:海洋出版社,2006.

14. 邵瑞珍.学与教的心理学[M].上海:华东师范大学出版社,1990.

15. 皮连生.学与教的心理学[M].上海:华东师范大学出版社,1997.

16. 尹祥.中小学校本研修研究综述[J].天津师范大学学报(基础教育版),2009(10):27-31.

17. 王斌华.校本课程论[M].上海:上海教育出版社,2000.

18. 梁前德.基础统计[M].北京:高等教育出版社,2011.

19. 苗东升.系统科学精要[M].北京:中国人民大学出版社,1998.

20. 周耀威.试论"基于对话"的研究共同体[J].教育理论与实践,2006(7):21-23.

21. 田立君,杨宏丽,陈旭远.论教师专业发展中对话的教育意蕴[J].课程·教材·教法,2012(4):109-113.

22. 毛东海.高中化学课堂教学中研究性学习教学模式研究[D].上海师范大学,2004.

23. 毛东海.例谈化学课堂有效教学的4点共识[J].化学教育,2011,32(8):17-19.

24. 毛东海.试论化学课堂中"有效问题"的设计[J].化学教育,2011(10):22-23.

25. 毛东海.化学课堂"有效教学"研究[M].上海:上海教育出版社,2012.

26. 毛东海.化学课堂有效教学的"线索"和"结构"[J].化学教育,2012(10):23-25.

27. 毛东海.试论化学课堂"有效教学"的"环节"与"方法"[J].化学教学,2012(1):7-9.

28. 毛东海.基于化学课堂"有效共识"的教学设计[J].化学教学,2012(10):6-9.

29. 毛东海.将"预案共识"转变为"教学现实"的教学技术的探讨[J].化学教学,2013(4):15-18.

30. 毛东海."引导—探究"教学环节"关键行为要素"的细化实施[J].化学教与学,2014(10):27-30.

31. 毛东海、陆惠莲.基于化学课堂"有效共识"的教学策略系统建构及其功能探讨[J].化学教育,2014(11):46-49.

32. 陆惠莲,毛东海.关于化学课堂"有效共识"培训课程研发的思考与实践[J].化学教学,2015(1):26-29.

33. 毛东海、陆惠莲、吕成钢.关于中学化学学科内涵的几点思考[J].中学化学教学参考,2015(4):15-18.

34. 毛东海.基于"中学化学学科内涵"的教学案例研究[J].中学化学教学参考,2015(9):6-8.

35. 毛东海.统筹知识、方法和观念三层面教学内容的教学设计[J].化学教学,2016(3):49-53.

36. 毛东海."自主—探究"教学范式"关键行为要素"的细化实施[J].化学教育,2016(13):24-27.

37. 毛东海.中学化学关于"文化内容"的思考、挖掘和课堂实践[J].化学教学,2017(1):25-29.

38. 毛东海.挖掘化工素材育人资源　培养化学学科核心素养[J].化学教学,2017(6):29-34.

39. 毛东海."长课题":教研组特色、教师成长的孵化器——化学课堂"有效共识"研究十年回顾、总结与反思[J].中学化学教学参考(上半月刊),2017(11):

61-65.

40. 毛东海.运用"形态分析法"培养学生自主探究问题的能力——以高一化学"工业制硫酸"的教学设计和实践为例[J].化学教学,2018(3):42-46.

41. 毛东海.运用"有效共识"培养化学学科核心素养[J].化学教学,2018(8):39-44.

42. 毛东海."优质教育经验"异地嫁接与融合的探索[J].中学化学教学参考(上半月刊),2018(12):54-57.

43. 毛东海,李婉.开展"循证教学"研究培养"循证思维"能力——以"水解平衡移动"一课的研究和实践为例[J].中学化学教学参考(上半月刊),2019(10):8-12.

44. 毛东海.化学课堂"有效共识"异地移植的实践探索——教育经验异地移植的运行机制与工作策略研究[J].化学教学,2020(11):33-40.

45. 毛东海.教学实践知识的特殊性与工作策略研究——以"循证教学"的移植转化为例[J].中学化学教学参考(上半月刊),2021(4):15-18.

46. 毛东海.教育经验异地移植中"对话机制"的构建与实施——以化学课堂"有效共识"移植研究的"对话"实践为例[J].化学教学,2022(3):26-31.

47. 毛东海.构建"经验模型",发展校本经验——以化学课堂"有效共识"经验模型的构建、发展为例[J].中学化学教学参考(上半月刊),2022(10):71-75.

课题研究成果

# 成果一　化学课堂"有效共识"教育经验的建模与发展历程①

提出了对经验模型的认识和理解；探讨了运用经验模型发展校本经验的功能和价值；总结了十五年来，化学课堂"有效共识"经验模型的构建、发展过程和实践成效。

模型是科学认识的一种形式，也是认识事物的工具。本成果立足中学化学的课堂实践，围绕校本教研的经验模型展开讨论，并对化学课堂"有效共识"经验模型的构建实践进行案例分析。

## 一、关于模型、经验模型的认识和理解②

模型（model）一词起源于拉丁文的"Modulus"，初始含义是样本、标准和尺度。在现代科技文献和日常语言中，"模型"一词通常有两种用法：一种用法是指某一对象（原型）的复制品或样本，如飞机模型、建筑模型。另一种用法是指与某一对象（原型）具有一定相似性的系统。它包括两种情况：一种情况，以物质形态体现或模拟对象的结构、功能或运行规律的实物相似模型。例如，根据蝙蝠超声波回音定位原理研制的声呐定位器。另一种情况，以观念的形态摹写或描述原型的某些特征、性质、规律的抽象的相似模型，这就是人们常说的思想模型。

思想模型是人们在一定的感性认识基础上，经过分析、比较、抽象、想象等复杂的思维加工后得到的，并最终以概念、判断、公式、图像等形式表现出来的认知

---

① 毛东海.构建"经验模型"，发展校本经验[J].中学化学教学参考，2022(10)：71-76.

② 张琼，于祺明，刘文君.科学理论模型的构建[M].杭州：浙江科学技术出版社，1990：2-7.

符号。它与认知原型相似,类似于物体镜像的效果——画面对称、相似,但角度、方向不同。换句话说,思想模型虽然失去了认知原型的某些固有的特征或属性,但集中反映了认知原型的某些与认识目的相关的特征或属性。

本文讨论的经验模型就是一种思想模型。具体地说,就是研究团队依托校本教研活动,在对课堂实践进行感性认识的基础上,经过分析、比较、抽象、想象等复杂的思维加工和研讨活动共同达成的,并通过概念、判断、公式、图像等形式表现出来的一种思想认识与实践经验。经验模型源于课堂实践,但又舍弃了课堂实践的某些属性或特征,如教师的特质、生源的特点、班级的文化等,集中反映立德树人的宗旨、学科教学的要求与课堂效益的原则。

## 二、运用经验模型发展校本经验的功能和价值

模型具有描述、解释、预见和判断的认知功能。在校本教研中,运用经验模型固定教学经验,不仅是对已有认识的总结和提升,而且有助于推动新的猜测和假设,生成新的认识和经验。下面立足模型的认知功能,探讨运用经验模型发展校本经验的功能和价值。

1. 运用经验模型有效描述校本经验的内涵

借助经验模型,不仅可以有效地描述校本经验原型的特点以及各种成分或要素的相互关系,而且更能突破语言要素必须直线连续排列的限制,避免抽象语言无法使人一下子获得整体印象的问题。例如,在研究工业制氯气、工业制硫酸、工业制硝酸等无机物制备问题时,常有教师用思维流程(见图 1)来引导学生分析和解决问题,对培养学生解决此类问题起到了很好的指导和帮助作用。[①]

**图 1　物质制备问题的研究要点和研究顺序**

2. 运用经验模型清晰解释校本经验的原理

借助经验模型可以形成一个关于校本经验如何作用于课堂的假想机制,模

---

① 陈进前.关于化学认识模型的思考[J].中学化学教学参考,2020(5):1-4.

拟、类比和推测校本经验的结构和运作过程,从而达到对课堂实践效果的解释。例如,为了解释批判质疑精神培养机制,有教师构建了如图2所示的操作模型,模拟、解释课堂上的实践过程,清晰简约,一目了然:教师呈现化学科学史实—学生感受求真、批判和创新精神—学生认同独立意识、质疑习惯和反省态度—后续强化培养,达成目标。[1]

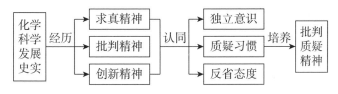

**图2 批判质疑精神培养机制**

3. 运用经验模型合理预见校本经验的作用

一个成功的经验模型,必然是舍去了大量次要的细节材料,突出了主要特征,因而便于发挥逻辑思维的力量,使研究结果能超越现有条件,指示研究方向,形成科学预见。例如,有教师依托化学实验数据和计算机辅助计算,建立了"碳酸氢钠溶液浓度与pH之间的关系"模型(见图3),不仅清晰地说明了"$NaHCO_3$溶液在一定浓度范围内,随着浓度变化,pH基本不变"的事实,而且对在这个浓度范围内的其他浓度造成的pH结果进行了合理预测。[2]

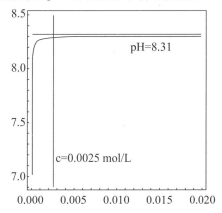

**图3 碳酸氢钠溶液浓度与pH之间的关系**

---

① 肖中荣.批判性思维的构成要素和培养机制[J].中学化学教学参考,2021(11):4-7.
② 吴文中.例谈作图法在高中化学解题中的应用[J].化学教学,2015(3):72-75.

4. 运用经验模型间接判断校本经验的效果

原型与模型之间遵从相似理论,因此借助模型可以检验原型的可靠性,这种检验的最终标准是科学实践。同理,当一个校本教研的经验模型建立在课堂实践基础上,并为课堂实践所证实时,它就可以间接地对教学原型的真实效果起到判断作用。例如,有教师构建的形态分析法讨论模式(见表1),不仅在"硫酸工业"一课的三个教学阶段(造气、催化、吸收)取得了满意的课堂效果,而且被同行预言在后续的"氨工业"教学中同样可以取得成功,事实也是如此。[①]

**表1　硫酸工业"造气阶段"的工艺设计讨论模式**

| 条件 | | 因素 | | | | |
|---|---|---|---|---|---|---|
| | | 浓度 | 温度 | 压强 | 催化剂 | 表面积 |
| 目标 | 快 | (1) 氧气浓度高 | (4) 高温 | (7) 高压 | (10) 不考虑 | (13) 矿石粉碎 |
| | 多 | (2) 氧气过量 | (5) 不考虑 | (8) 不考虑 | (11) 不考虑 | (14) 矿石粉碎 |
| | 好 | (3) 强的空气流 | (6) 高温 | (9) 常压 | (12) 无催化剂 | (15) 矿石粉碎 |
| 工艺条件 | (16) 反应物形态:热的强空气流;粉碎的矿石<br>(17) 反应的条件:煅烧(或高温);常压<br>(18) 反应的装置:沸腾炉(起提供反应环境,保证反应温度等作用) | | | | | |

[注:根据表中的内容格局,实施"先纵后横,综合判定"的讨论程序,并参照(1)~(18)的序列进行。其中,(16)~(18)为综合判定。]

## 三、构建系列经验模型,发展化学课堂"有效共识"

2007 年,笔者从闸北区教研室原副主任(化学教研员)调任上海市久隆

---

① 毛东海.运用"形态分析法"培养学生自主探究问题的能力——以高一化学"工业制硫酸"的教学设计和实践为例[J].化学教学,2018(3):42-46.

模范中学副校长。为了带领全校教师共同探索有效课堂,笔者率先带领化学教研组开启了"有效共识"的研究征程。化学课堂"有效共识"是化学教研组历时十五年(2007—2022年)形成的关于化学课堂有效教学的思想认识和实践经验。研究成果于2012年荣获上海市教科院学校教育科研成果一等奖,于2016年被评为"十三五"上海市教师培训共享课程。①②③

十五年来,在模型理论的指导下,化学课堂"有效共识"的内涵不断得到深化和发展;同时,构建的经验模型也不断趋于完善和合理,对化学课堂的指导作用也日益增强。下面对"有效共识"经验模型的构建过程和工作成效作简要总结。

1. 第一阶段(2007—2015年):构建"有效共识"的策略系统

为了提高化学课堂的有效性,我们首先想到要优化课堂教学策略。通过全员参与和充分讨论,逐步形成了六要素策略系统(见图4)④:目标描述要恰当,形成合力,对课堂进行方向定位和过程引导。⑤ 线索是贯穿一堂课的思想、理念或教学发展的关系,体现教师授课纵向推进的思路。结构是课堂教学的基本框架,体现教学资源的最优化配置。⑥ 问题是承载教学内容的核心载体,是展开教学活动的关键抓手。⑦ 环节是针对课堂探究点开展的活动程序及教学行为。方法是在探究活动后,对思维要点或思想方法进行精心归纳及符号呈现。⑧

①　毛东海."长课题":教研组特色、教师成长的孵化器——化学课堂"有效共识"研究十年回顾、总结与反思[J].中学化学教学参考,2017(11):61-66.

②　毛东海.化学课堂"有效教学"研究[M].上海:上海教育出版社,2012.

③　毛东海.化学课堂"有效共识"研究与课堂实施.上海市教师教育管理平台("十三五")http://jsgl.21shte.net/portal/login.html.

④　毛东海、陆惠莲.基于化学课堂"有效共识"的教学策略系统建构及其功能探讨[J].化学教育,2014(11):46-49.

⑤　毛东海.例谈化学课堂有效教学的4点共识[J].化学教育,2011(8):17-19.

⑥　毛东海.化学课堂有效教学的"线索"和"结构"[J].化学教育,2012(10):23-25.

⑦　毛东海.试论化学课堂中"有效问题"的设计[J].化学教育,2011(10):22-23.

⑧　毛东海.试论化学课堂"有效教学"的"环节"与"方法"[J].化学教学,2012(1):7-9.

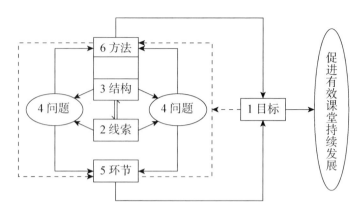

**图4    化学课堂"有效共识"的策略系统**

策略系统经验模型的建构,第一次固定了"有效共识"的研究成果,并对课堂教学起到了及时的指导作用,实践成效初露端倪。具体表现为:

(1) 有效描述了策略系统的构成要素

经验模型汲取了研究团队的集体智慧和思想共识,并让大家获得了对整堂课教学策略的整体印象。它既关注了相对宏观的、课堂管理的要素(目标、线索、结构),又考虑了相对微观的、课堂实施的要素(问题、环节、方法)。这为教师设计教学策略、监控课堂实施提供了重要参考。

(2) 清晰解释了策略系统的运作过程

首先,目标要对其他5个要素进行清晰的引领和有效的监控;其次,线索启动教学,按照预设结构展开活动,具体以问题为抓手。其中,核心问题生成纵向结构,相关问题生成横向结构。每个问题落实精简环节,在环节实施后,对蕴含的思想方法进行精致提炼和符号固定。这为教师具体实施课堂、把握教学思路提供了重要依据。

(3) 指导教师的教学行为,预判课堂效果

一方面,在策略系统的指导下,教师的课堂行为得到了改善,化学学科的教学质量在短期内得到了显著提高,得到了区内同行的高度关注;另一方面,根据策略系统全面推进校本课程的研发和校本教研的创新,运用研究成果预判和评价课堂。2014年,学校研发的"有效共识"校本课程荣获"中国化学会新课程实施精品课程";2013—2015年,和区教研室合作,在本区六所学校开展研究成果的推

广试点;2015 年,上海市化学学科内涵研究研讨活动在我校举行,课题组展示了研究成果,得到了与会专家和同行的高度评价。

2. 第二阶段(2014—2016 年):构建"有效共识"的内容系统

2014 年,在课题组举办的区级研讨展示活动上,上海市著名化学特级教师张长江老师,一方面充分肯定了我们的研究成果,另一方面语重心长地对我们说:"'有效共识'研究,仅停留在策略层面是不够的,也是不完整的。试想一下,如果教了一个重点缺失甚至错误的教学内容,再好的教学策略又有何用呢?"一语中的,让我们茅塞顿开。由此,内容系统的研究拉开了帷幕。通过三年的努力,在全组教师的参与下,我们逐步构建了四层级内容系统(见图 5):知识内容是指化学学科中的核心知识;方法内容是指化学学科中典型的研究方法;观念内容是指在认识化学的实践活动中形成的一种思维方法或学科观念[1][2];文化内容是指除上述内容外,蕴含于化学教学素材中的具有育人价值的思想观念、思维方式或审美情趣。[3] 四层级内容互动发展、自下而上形成从"知识育人"到"文化育人"的生长态势。

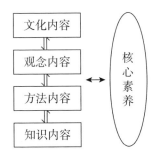

**图 5　化学课堂"有效共识"的内容系统**

内容系统经验模型的建构,完善了"有效共识"的研究成果,并更好地发挥了对课堂教学的指导作用,实践成效也进一步彰显。具体表现为:

---

① 毛东海.统筹知识、方法和观念三层面教学内容的教学设计[J].化学教学,2016(3):49 - 53.

② 毛东海、陆惠莲、吕成钢.关于中学化学学科内涵的几点思考[J].中学化学教学参考,2015(4):15 - 18.

③ 毛东海.中学化学关于"文化内容"的思考、挖掘和课堂实践[J].化学教学,2017(1):25 - 29.

（1）有效描述了内容系统的构成要素

经验模型再次汇聚大家的集体智慧和思想共识，并让大家进一步获得对一堂课（除教学策略之外）的教学内容的整体印象。这是四层级系统结构，自下而上形成了从"知识育人"到"文化育人"的生长态势，互动发展，缺一不可。这为教师开展备课活动，设计好全面、恰当的教学内容指明了方向。

（2）清晰解释了内容系统的地位和贡献

首先，一堂课要重视知识内容，这是基础和前提；其次，要重视方法内容，这是课堂教学效益的关键；再次，要尽力体现化学学科的本质特点，彰显化学学科的思想观念；最后，还要抓住文化内容，进一步设计好立德树人的素材和契机。这为教师全面、深刻地认识教学内容，并融入教学方案的设计提供了宝贵意见。

（3）将两个系统融入教学实践

不仅在备课过程中全面融入内容系统、策略系统的要求，而且在听课、评课和教研活动中也将此作为教学指导和效果评价的重要依据。自从开展研究工作以来，针对性地开展区级以上公开课研究、学术交流活动 30 余次，反响热烈。2015 年，创建闸北区化学课堂有效教学研究网站，编写区域教师培训课程，在区级刊物《教育探索》开辟"有效教学"研究专栏，辐射全区；2016 年，研发完成 2.0 版化学课堂"有效共识"全套校本课程（共 9 册，50 余万字）；2016 年，研究成果被评为"十三五"上海市教师培训共享课程。

3. 第三阶段（2017—2022 年）：构建"有效共识"的经验模型，建立经验移植的运行机制

2017—2020 年，笔者作为新评选的特级教师参与市教委组织的跨区异校流动工作。为了不辱使命，笔者以"有效共识"为研究载体开展教育经验异地移植的实践探索，一方面建构"有效共识"的经验模型，另一方面建立移植研究的运行机制。

（1）建构"有效共识"的经验模型

前文所述的策略系统、内容系统是教学实践中不可分割的两部分，只有将两者紧密融合，才能形成完整的"有效共识"观点，进一步统领化学课堂。经过认真研究和反复斟酌，我们最终将两个系统合并为一个系统，形成化学课堂"有效共

识"完整的经验模型(见图6):第一,目标由内容系统凝练而成,同时又是构成策略系统的关键要素,成为连接两个系统的桥梁。第二,内容系统是策略系统的实践载体,并与策略系统互动配合,合力落实化学学科核心素养,促进有效课堂持续发展。①

"有效共识"经验模型的再次构建,不仅对"有效共识"的内涵进行了全面提升和完整描述,而且对经验模型运行的机制、原理也解释得更为深刻和合理。同时,对课堂研究方向的预见和教学原型效果的判断也更为准确和有效。至此,"有效共识"校本经验理论模型得以阶段性完成。

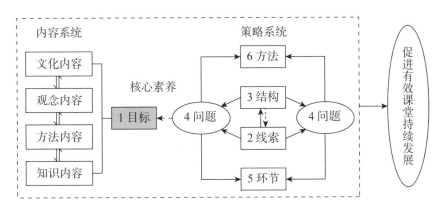

**图6 化学课堂"有效共识"的经验模型**

(2) 建立经验移植的运行机制

为了推动"有效共识"的移植研究,2020年我们申报的课题被立项为上海市教育科学研究项目,为此我们开展了扎实的文献研究和实践探索。我们认为,教育经验移植的关键和难点是融合阶段(之前是嫁接阶段,之后是创新阶段)。经验融合阶段包括五个学习或体验环节:内涵认知、要领感知、实践体验、经验沉淀和自主运用(见图7虚框内左侧部分;以下简称经验融合系统)。经验融合系统,需要经过多个轮回的环节运行;同时,需要充分发挥研究双方之间的对话交流,凝聚团队的智慧和力量,最终生成教学实践知识,达到教育

---

① 毛东海.教育经验异地移植中"对话机制"的构建与实施——以化学课堂"有效共识"移植研究的"对话"实践为例[J].化学教学,2022(3):25-30.

经验移植的目的。①

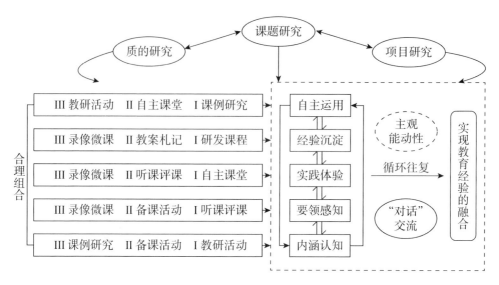

**图7 化学课堂"有效共识"之融合阶段的运行机制**

从以上的经验模型中,我们可以突破语言的限制和文本的局限,清晰地捕捉到以下信息:

① 运行机制的内涵解释——4 个要点

教育经验移植需要经历五个学习或体验环节;需要依托校本教研的平台,遴选合理的教研方式;需要建立教研方式与各运行环节之间最佳的匹配关系;需要发挥人的主观能动性和对话交流的功能。

② 运行机制的原理解释——3 个层面

纵向层面,建立由五个运行环节组成的教研模式;横向层面,针对五个运行环节,遴选各自合理匹配的教研方式;管理层面,在人的主观能动性和对话交流的推动下,具体实施和管理教学模式,推动运行系统良性运作。

③ 研究方向和效果判断——2 个角度

根据上述运行机制,我们可以指导经验移植的研究方向,并从课堂质量、培养教师两个角度开展绩效预判和评价。2017—2020 年,松江四中通过移植

---

① 毛东海.化学课堂"有效共识"异地移植的实践探索——教育经验异地移植的运行机制与工作策略研究[J].化学教学,2020(11):33-40.

和实践"有效共识",化学教学质量多次实现历史性突破,学科建设迈上新台阶;青年教师教学能力显著提高,获得二十多项区级及以上奖项,发表十多篇专业论文。[①]

（3）推动经验移植的对话机制

为了推动移植研究,提升"有效共识"在课堂实践中的转化成效,2022 年我们构建了教育经验移植的对话机制（见图 8）[②],其中对话主题、对话内容、对话方式是推动教育经验分享、传播最关键的三要素。平等对话是前提,对话素材是载体。实践证明,这样的对话机制有力地推动了"有效共识"的移植研究。作为研究者和参与者,我们再一次体会和见证了经验模型的功能和价值。

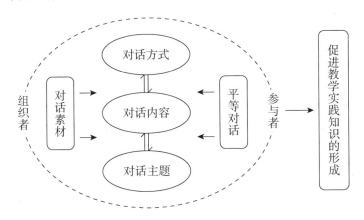

**图 8　基于教育经验移植的对话机制经验模型**

经验模型是总结、发展校本经验的一种形式和载体,是推动、深化校本教研的一种工具和手段。实践证明,开展经验模型的建构和实践,不仅有助于推进校本教研活动,提升课堂教学效果,而且有助于推动校本教研成果的形成,为教研组教研特色的生成、发展,为优秀教师的成长、成才打下坚实的基础。

---

① 上海市特级教师特级校长联谊会.一千天,拔节生长——特级校长特级教师流动工作亲历记[M].上海:上海教育出版社,2021:177－183.
② 毛东海.教育经验异地移植中"对话机制"的构建与实施——以化学课堂"有效共识"移植研究的"对话"实践为例[J].化学教学,2022（3）:25－30.

# 成果二 "优质教育经验"异地移植的现状调研与"父本""母本"提炼

介绍了对高一学生进行化学学习情况问卷调研的情况和结果；介绍对全组化学教师进行个别访谈的情况和结果；探讨生成"父本""母本"的工作策略和结果。

本研究的目的是了解松江四中的教学情况，提炼教育经验移植的"父本"和"母本"。

## 一、高一学生化学学习情况的问卷调研

### 1. 调研目的

为了了解学生对化学学科的兴趣、看法和学习情况，特进行本次问卷调查。目标是根据调研结果，进一步优化教学方法，提高课堂效率。问卷无记名，题型为单选题和排序题两类。

### 2. 问卷编制

利用"问卷星"编制问卷，问题内容针对 5 个方面：①学生对化学学习重要性的认识；②学生对自我学习水平、能力的了解；③学生的学习态度；④学生的学习方法；⑤学生学习化学的兴趣。

### 3. 题型、题量和内容

关于学生对化学学习重要性的认识（选择题 1～4 题）；关于学生对自我学习水平、能力的了解（选择题 5～8 题）；关于学生对学习化学的态度（选择题 9～12题）；关于学生对学习化学的方法（选择题 13～16 题）；关于学生对学习化学的兴趣（选择题 17～20 题）。（详见附录 7　高一化学学习现状的调查问卷。）

4. 调研时间和方式

2018年3月8日,组织三个班级的学生到机房进行网上调研,时间约30分钟。

5. 结果与分析

第一,对化学重要性的认识。大多数学生认为学习化学是有用的(比较有用的占61.76%,很有用的占20.59%)。

第二,对自我学习水平、能力的了解。大多数学生认为化学成绩在班级中处于弱势地位(中下的占55.88%,最薄弱的占8.82%)。对问题根源的认识比较中肯("学习方法"占第一位,"听课质量不高"占第二位)。大多数学生认为,化学学习还有潜力可挖(有很大潜力和较大潜力的占29%多,有一些潜力的占61.76%)。

第三,对化学学习的态度。大部分学生认为自己学习化学的态度是认真的(全部课认真和多数课认真的共占85%多)。学习方式存在严重问题,"抄作业"占第一位,"和同学讨论完成"占第二位,独立完成占第三位。61%的学生对考试成绩不理想感到伤心,"只有一点点难过"和"无所谓"的占38.24%。另外,学生不太愿意向教师请教。

第四,对化学学习的方法。大多数学生认为,学好化学的原因是"自己努力"的占第一位,是"教师的教学水平"的占第二位;大多数学生没有养成主动预习、复习的习惯;大多数学生的学习方法欠缺,把"方法总结"的重要性排在第四位,这一点值得注意。另外,对"自主学习"的重要性有比较充分的认识("比较重要"和"重要"的合计占82%)。

第五,对化学学习的兴趣。近一半学生(44.12%)喜欢化学学科。近80%的学生喜欢化学教师(其中喜欢的占44.12%,很喜欢的占35.29%)。在对教师的教学要求中"讲课清晰、流畅,提高课堂效果"的占第一位;"和蔼可亲,课后和大家多交流"的占第二位。另外,近1/3的学生希望定期辅导(29.41%),一半以上的学生希望偶尔辅导(55.88%)。

6. 调研结论

第一,大多数学生对化学重要性的认识是积极的,认为化学有用。第二,大多数学生认为化学成绩在班级中处于弱势的主要原因是没有掌握学习方法,并认为自己有学习潜力。第三,大部分学生认为自己的学习态度是认真的。第四,关于学好化学的因素,学生认为是自己努力的占第一位。在不良的学习方式中,抄作业占第一位。第五,近一半学生喜欢化学学科,大多数学生喜欢化学教师。

## 二、对全组化学教师的个别访谈、调研

1. 访谈的目的

了解松江四中化学教师的教学现状与专业发展诉求。

2. 访谈的内容

① 你在教学上的最大困惑是什么? 你对自己的专业发展有什么目标和需求?

② 你对"特级教师来校工作"是怎样看待的? 你希望专家在专业方面给你提供哪些帮助?

③ 你觉得目前教研组的工作积累了哪些经验? 存在哪些问题? 你有怎样的期待?

④ 你愿意开设公开课供大家讨论和研究吗? 你愿意参与学校的课程建设吗?

⑤ 你希望自己在课题研究方面有所发展并愿意为此付出劳动吗?

⑥ 你对市、区级的教师培训是怎么看的? 你是否有兴趣参加笔者主持的市级课程?

3. 访谈的地点、时间和方式

访谈的地点在笔者的办公室,访谈的时间一般为课余时间,通常是个别访谈;每位教师访谈约半小时。

4. 访谈的结果分析

第一,青年教师要求进步的愿望迫切;最大的困惑是对化学知识点把握不准,教学难度把握不准。第二,青年教师感觉语言啰嗦,课堂效益不高,希望多听课或被听课,希望得到专家指导。第三,青年教师希望尽快熟悉高中教学,上好课,成为受学生欢迎的教师。第四,教研气氛和谐,但讨论深度不够,希望加强集体备课,共享教学资源。第五,大家愿意参加学校的课程建设,共同研发校本课程。第六,课题研究和撰文能力薄弱,迫切希望得到提高。

### 三、修正"有效共识"的要求，生成经验移植的"父本"

首先，根据学生的生源和办学特点对内容系统作了一定的调整。由于松江四中是一所美育特色学校，生源的起分线在全区处于末位，学校对大多数学生的化学学习要求是通过上海市学业水平合格考试。因此，在知识内容层面，我们删除了针对等级考的学习内容或要求（化学选修班除外），同时对难度不适合的学习内容或要求进行降格处理。在方法内容层面，除了在"讲授法"中要求减慢讲课的速度、提高语言的清晰度外，我们强化了对化学实验的教学和思维模型的总结，强调了对典型研究、归纳整理知识系统的教学要求。对观念内容、文化内容层面，我们根据学生的学习基础，强化了问题情景的融入、学习载体的优化，以及科技人文信息的联系。例如，针对观念内容中应用价值观的教育，我们提出要更多地联系科技发展、化工生产；同时，强调环境保护，人人有责。

其次，策略系统根据学生的学习基础和能力作了一定的修正。在目标设计中，我们强化了"知识与技能"目标的精准设计，在"过程与方法"目标上进一步凸显学习策略、学习方法的操作点设计；在线索提炼中，进一步清晰内容线索，彰显方法线索，合理融入思想线索；在问题设计中，删除针对等级考要求的问题（化学选修班除外），优化提问的方式，多搭设学习台阶；在课堂结构的设计中，努力做到纵向结构更加逻辑清楚，横向结构更加简洁明了；在教学环节中，多使用引导—探究教学范式，充分发挥教师的教学主导作用；在方法总结中，更加追求精准文字的总结和简约符号的表达，慎用学习技巧的总结。

修正"有效共识"的目的是要让学生听得懂、学得会、做得来，同时立德树人的要求不降低，向美生长的方向不偏离。

### 四、修正受损的教育资源，生成经验移植的"母本"

"母本"修正，要求把现有的教学内容和活动中不利于提高教学质量、推动教学改革的部分剔除，继承有利部分。修正的理由主要有两个：第一，课时安排不足。高一年级每周只有 2 节化学课，而同类学校有 3 节化学课，课时严重不足，由此，造成日常的教学进度和教学质量大受影响，造成"母体"质量严重缺损。第二，美术集训耽误。高三学生第一学期，美术专业的学生集训一个半月，而化学课被停课,造成"母体"质量缺损,特别是区一模考的成绩受到严重影响。为此,在对研究工作的成效进行评价时,需要听取专家的意见、学校管理部门的意见,对评价结果进行一定程度的修正。我们的建议是:可参照历年的同类测评数据,作学校层面的纵向发展评估;可根据区层面的同类测评数据,作适当的绩效补偿评估处理。

# 成果三 "优质教育经验"异地移植的工作模型、运行机制与教研模式①

以化学课堂"有效共识"的异地移植为工作目标,认识教育经验移植的原理和过程,建立依托校本教研的工作模型,建构经验移植融合阶段的运行机制,探究、实施促进经验移植的教研模式。最后,介绍化学课堂"有效共识"的案例实践。

## 一、对教育经验移植过程的认识和思考

### 1. 教育经验移植的基本原理②

开展教育经验移植研究的目的在于实现教学理念或教学指导思想的变革,这种革命性转变是通过在原有教学本体上接合外来的教学理论知识来完成的,因而也就是"父本"和"母本"之间相互作用的结果。当源于两种背景的"父本"和"母本"在平等或不平等的条件下接触时,首先最容易发现的是外在的教学方法层面,所以"父本"的教学方法等表层部分将最先被同化并兼容到"母本"教学方式的既有结构中(其中相关的教学技术层最具有活跃性),从而得以接受和借用。

随着研究活动的深入,人们逐渐认识到教学活动的中间层次,于是"母本"对"父本"的吸收和引进就随之延伸到教学理念层次,涉及"母体"中的主体(教师)的认知变化和观念变革,涉及心理层面的发展和提升。此时的移植变革也就真正触及核心层面。如果没有"父本"和"母本"在教学理念层面的同化和融合,

---

① 毛东海.化学课堂"有效共识"异地移植的实践探索——教育经验异地移植的运行机制与工作策略研究[J].化学教学,2020(11):33-40.

② 高金锋,李森,王小丽.论教师的教学经验移植研究[J].学前教育研究,2008(11):18-20.

教育经验的移植就很难产生应有的实际效果。

本研究中的"父本",是指化学课堂"有效共识"结合当地化学教师自身的教学特点与实践活动的要求,在进一步"提炼"后的合理部分。这里的"母本",是指当地学校在经历自我扬弃后形成的化学教学环境和相关资源,剔除了不利于提高教学质量、推动教学改革的部分,保留了积极、合理的部分。

2. 必须重视的两项工作——对话交流和教学实践知识的生成

在教育经验的移植研究中,有两项工作必须引起重视,会直接影响研究工作的成败。其一,对话交流。对话是分享教育经验的主要途径。在对话过程中,教师不断迸发出新的思想火花,形成新的思想生长点。一旦离开平等和双向交流,分享教育经验的可能性就变得微乎其微。[①] 其二,教学实践知识的生成。教学实践知识是个体知识,是教师在自己的知识体系中不断融入他人的教学经验并经反思后创造出来的新知识。教育经验移植是教师生成教学实践知识的一条重要途径,必须通过教师自身对教育教学知识进行融合创新后才能完成。教学实践知识的生成是教育经验移植成功的标志。[②] 为此,本研究必须建立开放、畅通的对话渠道,必须及时了解、跟踪教师在课堂实践中的行为改变和策略变化。

## 二、校本教研在教育经验移植中的作用和功能

在教育经验的移植研究中,无论是经验的嫁接还是融合,都离不开学校管理平台——校本教研。可以说,校本教研已成为教师专业发展、能力提升的有效途径。

首先,教育经验的学习是校本教研的重要内容。校本教研是一种以校为本的教育研究,是以学校为研究基地,以教师为研究主体,以教育问题为研究对象,以行动研究为主要方法,以改进教育实践、促进师生发展为目的的研究。它是一线教育工作者在工作实践中对教育管理、课程建设、教学规律、教学方式、教师发展、教育环境等方面的研究。显然,学习"优质教育经验"是校本教研的重要内容,是促进教师发展、改善教学方式、提高课堂效率的重要途径和手段。

---

① 吴刚平.教育经验的意义及其表达与分享[J].全球教育展望,2004(8):45-49.

② 刘澍、杨娟.经验移植:教学实践性知识生成过程中的意向性觉知——以基础课教学为观察对象[J].中国高教研究,2013(4):107-109.

其次,校本教研在推动教师专业成长的同时,可以促进优质教育经验的传播。其功能体现在以下四个方面[①]:

1. 提供反思性教学的条件与机遇,推动对教育经验的选择性吸收

反思贯穿校本教研的全过程,是校本教研的基本要素之一。反思性教学不仅可以使教师通过审视、反观自身的教育实践,发现、分析并解决问题,改善教学行为,提升教育实践的合理性,而且可以成为教师专业发展的过程。因为反思的过程,实际上是使教师在整个教学活动中充分体现双重角色:既是引导者又是评论者;既是教育者又是受教育者。通过反思,教师不断更新教学观念,改进教学行为,提升教学水平;同时形成对教育现象及问题的独立思考和创造性见解,使自身真正成为教学和教研的主人。

反思性教学对优质教育经验的吸纳过程大致有以下环节:判断经验内涵的认知难度与可接受性—体验教育经验的可操作性和实效性—形成对教育经验的学习意识和接纳态度。可以看出,越是容易理解、可操作和实效性好的教育经验,越容易在教师的教学反思中得到认可和接受。

2. 促进教师自我学习和主动构建,推动对教育经验的理解和运用

建构主义学习理论告诉我们,学习者的学习不是单纯被动地接收来自外部世界的信息,而是要经过自身的主动建构,使新旧知识经验得以同化和顺应,从而使自身知识经验系统逐步走向完善。教师成为学习者,首先是终身学习化社会对教师提出的客观要求,其次是教育自身的内在必然要求,强调教师不仅要做知识的传递者,还要做实践的探索者、研究者。教师不能一味地依靠职前教育获得知识与技能,不能一味地追求和依靠现成的教育科学理论的指导,而应在批判地吸收和合理地运用已有知识、技能及理论的基础上,通过自身不懈学习、探索、反思和研究,建构自己的个性化教学知识。自我学习和主动建构是教师从事校本教研活动所必需的,也是教师专业发展的关键。

教师的自我学习和主动构建,对优质教育经验的作用过程大致为:以自己的认知方式理解教育经验的内涵—以自己的行为方式探索教育经验的课堂实践—以自己的教育价值观批判性地吸纳教育经验。可以看出,教师自我学习的愿望

---

① 孟霞光.校本教研:教师专业发展的有效途径[D].济南:山东师范大学,2005:14-37.

越强烈,主动构建的过程越深入,那么对教育经验的理解、吸收也就越彻底。

3. 促进教师个性化专业发展,推动教育经验实践性知识的形成

尽管对教师专业发展的阶段有不同的论述(例如,美国学者费朗斯·富勒提出了四阶段论:任教前关注阶段、早期求生存阶段、关注教学情境阶段、关注学生阶段。伯顿(Burden)认为有三个阶段:求生存阶段、调整阶段和成熟阶段),但是教师成长的阶段性特征是非常明显的,学校环境、教学活动、同事、学生等外部因素都会影响教师个体的发展。教师正是在与周围环境的相互作用过程中不断成长起来的。开展校本教研,不仅为每个教师的实践成长创造机会,而且根据每个教师不同的成长需求给教师专业发展以不同程度的促进。另外,校本教研重视校园文化氛围和合作在教师专业发展中的重要作用,重视实践性知识在教师知识体系中的主导和战略性地位,重视教师实践中的反思。

教师的个性化专业发展、实践性知识的形成,与优质教育经验之间可以形成这样的互动过程:教师对自身专业发展有紧迫需求—遴选、实践适合自己的优质教育经验—形成"优质教育经验"的实践性知识—促进自己的专业个性发展。这里可以看出,优质教育经验越是匹配和符合教师的专业发展需求,越会得到教师的认可和青睐,越容易通过校本教研形成实践能力和专业特长。

4. 推动学习型组织的形成,发挥团队力量对教育经验的传播作用

当今社会是学习型社会,建立学习型组织是其重要特征之一。学习型组织可以帮助组织中的个体不断突破自己的能力上限,培养全新、前瞻、开阔的思考方式,全力实现共同的抱负,进而使组织自身取得创新和进步。美国学者彼得·圣吉所著的《第五项修炼:学习型组织的艺术与实务》为我们提供了"建立学习型组织"的很好建议:(1)自我超越;(2)改善心智模式;(3)建立共同远景目标;(4)团队学习;(5)系统思考。学校是教育的基本单位,把学校建设成为学习型组织是教育发展的根本所在,也是教师发展的保证,开展校本教研与建立学习型组织的理念是一致的,可以有力地推动学习型教研组的建设和发展。

学习型组织的建设与优质教育经验之间可以形成互动过程:教研组建立学习教育经验的共同愿景—教师个体树立专业发展的理想,并付诸行动—开展团队学习,深化对教育经验的理解和互助行动—发展教研特色,提升合作精神,学习型组织得到加强。

综上所述,校本教研是教师专业发展的重要平台和有效途径,是移植优质教育经验的重要手段。那么,如何利用这个平台和手段形成有效的工作策略,并提升教育经验移植的工作效益呢? 下面,向大家汇报我们的思考和做法。

### 三、建立教育经验移植研究的工作模型

1. 教育经验移植的三个阶段

根据教育经验移植的原理,为了推进研究工作的开展,我们将教育经验移植的过程分为三个阶段,即经验嫁接、经验融合、经验创新(见图 9)。本课题重点讨论经验融合阶段。

经验嫁接是前期的准备阶段、奠基阶段,相对容易完成,但不可忽视。其工作目标是:建立嫁接载体,形成研究团队,获得资源保障。其中,嫁接载体是经验输出方拥有的教育观点及相关资料;研究团队、资源保障是经验接收方为研究工作创造的必备条件。就本研究而言,在进入当地学校之前,笔者须全面、系统地梳理好化学课堂"有效共识"的研究成果;在进入当地学校后,要尽快与学校领导、管理部门达成共识,寻求工作的配合和资源的支持,尽早启动研究工作。

经验融合是研究的关键阶段、核心阶段,完成难度较大,历时较长。其工作目标是:习得方法技术,感悟思想理念,生成实践知识。其中,习得方法技术聚焦外在的实践操作层面,相对容易完成;感悟思想理念聚焦内在的认知心理层面,需要付出艰苦努力;生成实践知识是在前两个阶段的基础上,进一步实现行为的自动化,并通过融合他人经验形成个性化指导实践知识。就本研究而言,习得方法技术,就是要教师学会运用"有效共识"校本课程进行上课;感悟思想理念,就是要教师理解、掌握"有效共识"的核心内涵和教学主张;生成实践知识,就是要教师形成"有效共识"转化为课堂实践的个性化教学策略。

经验创新是后续的发展和提升阶段,这个阶段需要进一步发挥教师的聪明才智和锐意进取的精神,需要付出更多的艰苦努力。其工作目标是:灵活运用经验,创造、输出新的经验。经验创新是经验移植的最高境界和终极目标。

2. 依托校本教研的经验移植工作模型

校本教研具有反思性教学、自我学习、主动构建、个性化发展、实践性知识的形成和学习型组织等特点及功能。这些特点和功能,在作用于教师专业发展的

同时也可以作为提升教育经验分享、交流的手段和技术,使教育经验的移植研究产生增值、增效,从而反哺校本教研本身,实现教师培养和经验传播的良性互动。为了厘清研究思路,有序地推进研究工作,我们根据经验移植的原理与阶段、校本教研的特点与方式,构建了研究思路和工作模型(见图9)。[1][2] 就本研究而言,化学课堂"有效共识"就蕴含在移植阶段、移植目标和校本教研的具体内容中。需要强调的是,人的主观能动性是整个研究工作的基础和动力来源。

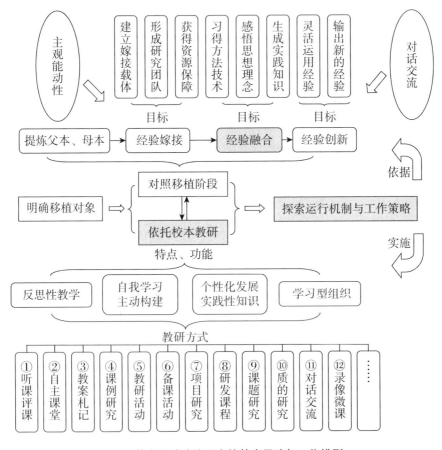

**图9 教育经验移植研究的基本思路与工作模型**

① 汤立宏.校本教研专论——中小学教师人力资源开发与专业发展研究[M].北京:海洋出版社,2006:245 - 336.
② 毛东海.化学课堂"有效共识"异地移植的实践探索——教育经验异地移植的运行机制与工作策略研究[J].化学教学,2020(11):33 - 40.

从图9看出,要形成经验移植的运行机制与工作策略,既要遵循教育经验移植的规律,又要依托校本教研的平台。要通过组织合理的教研方式、发挥最佳的教研功能,来推动研究工作的深入并提升质量效益。

## 四、建构经验移植融合阶段的运行机制

教育经验的移植要经过嫁接、融合和创新三个阶段,每个阶段都有具体的工作目标。那么,当一个教师群体(经验接收方)在面临外来的教育经验时,需要经历哪些必要的学习环节?需要提供怎样的教研方式的支持?经验移植的运行机制是怎样的?下面,围绕这些关键问题,针对经验移植的融合阶段展开讨论。

1. 教育经验融合的运行系统

根据认知发展心理学和智慧技能学习规律①②,我们认为,教育经验的融合过程需要经历以下学习或体验环节。

(1) 内涵认知环节

认识规则是掌握规则的基础。要掌握教育经验,首先要对教育经验的内涵有清晰的认识。第一,要明确教育经验的基本类型。明确经验类型有助于选择学习经验的有效方式。例如,如果是直接经验,需要了解经验输出方的研究背景、研究对象及采取的研究方法,根据自身实际进行选择性扬弃;如果是间接经验,需要关注经验输出方对经验的独到理解及付诸实践的策略,学习方式主要是观摩、反思;如果是实践操作经验,那么重点借鉴其实践创意的思想方法和实践改进的技术,学习方式以实践操作为主……第二,要精准掌握教育经验的内涵与本质。对教师来讲,主要是学习两种教育经验。一是思想认知经验,需要关注经验的关键内容和核心概念,厘清概念之间的逻辑关系,建立理解的线索和认知结构,并努力用精简的文字或符号来归纳、呈现经验。二是实践操作经验,需要理解实践操作优化的指导思想,掌握实践操作的步骤和要领,明确实践操作的注意事项等。在本研究中,化学课堂"有效共识"属于直接经验和系统经验。它既含有思想认知层面的经验成分,也含有实践操作层面的经验成分。③

---

① 邵瑞珍.学与教的心理学[M].上海:华东师范大学出版社,1990:83-86.

② 皮连生.学与教的心理学[M].上海:华东师范大学出版社,1997:164-170.

③ 毛东海."优质教育经验"异地嫁接与融合的探索[J].中学化学教学参考,2018(12):54-57.

（2）要领感知环节

对一线教师来讲,学习教育经验的主要目的是优化课堂,改进教学。教育经验转化为课堂实践,需要采用合适的教学策略、方法技术,称为操作要领。如何来认识和掌握这些操作要领? 一个有效的做法是:观摩经验输出方的教学示范课,通过课堂组织、教师行为、技术运用等要素的当堂观察,感受将教育经验转化为课堂实践的基本要求。[①] 观摩示范课应尽可能覆盖不同的课型,如新授课、复习课、专题复习课、作业评析课、试卷分析课等。由于课型的不同,教育经验的转化会呈现一定的形态差异。需要注意的是,方法和技术的感知比思想和理念更敏感、直接,因而容易受到启发和理解。本研究中的要领感知,是指化学课堂"有效共识"之内容系统的设计要领和策略系统的实践要领。

（3）实践体验环节

如果说要领感知是从实践认知层面上感受教育经验,那么实践体验则是从实践体验层面上实施教育经验,这是习得教育经验的关键环节。为此,首先,教师要做好充分的课前准备。例如,对前期观摩课中实践要领的捕捉、反思;对自己课中教学方案的设计、修改;对化学实验、媒体技术等辅助设备的准备、试验等。其次,教师要有意识地监控课堂实践中体现教育经验的节点、环节。例如,课堂结构的展开、有效问题的提出、教学环节的运用、学习方法的总结等,是否按照原定的设计有序展开;碰到意外事件或生成性问题如何进行调整和及时处理……总之,既要主动、积极又要细致、灵活地体会将教育经验运用于课堂教学的全过程。与要领感知环节一样,课堂实践中教师对方法技术的体现比思想理念更容易、更直观,较易观察和监控。本研究中的实践体验是指化学课堂"有效共识"之内容系统的设计体验和策略系统的实践体验。

（4）经验沉淀环节

沉淀教育经验就是将教育经验的内涵、学习结果以一定的载体形式固定下来,如校本课程的形式、图表图示的形式或课堂实录、教后札记的形式等。沉淀教育经验至少有三个好处:其一,保留研究过程中的资料,作为后续深化研究的

---

[①] 高金锋,李森,王小丽.论教师的教学经验移植研究[J].学前教育研究,2008(11):18-20.

基础;其二,记录团队学习的收获和体会,在后续研究中继续作为参照;其三,便于在原有经验基础上调整、发展经验,积累形成教研组的工作经验或教研特色。沉淀教育经验的形式,要与研究团队的资源情况、教师的个人特长紧密地结合起来;同时,人人参与经验沉淀的研究活动,分担责任,共享成果。本研究中的经验沉淀,是指研发当地学校的基于化学课堂"有效共识"的校本课程,包括全程的教学设计、教学课件和配套练习。

(5) 自主运用环节

自主运用是指研究团队结合当前的教学实际,对教育经验的学习借鉴进一步提出自己的理解,遴选教学主题或单元开展教学研究,或教师根据自己的教学特长、工作需要,开展课例研究或课题研究,形成一定的成果。教育经验的移植和嫁接是前提,融合是关键,创新是最终目标。因此,在自主运用环节中,需要加强同伴互助,鼓励创意研究,激励自主发展,为教师进入经验创新阶段做好铺垫。在自主运用中,研究团队、教师个人要制订研究计划,主动寻求、争取各种专业锻炼和发展的机会。例如,参与公开教学、申报课题研究、撰写论文等。本研究中的自主运用,主要是指青年教师开展基于化学课堂"有效共识"的课例研究,提升教学研究的能力。

对教育经验融合来说,经过一个轮回的运行是远远不够的,需要循环往复,持续推进。同时,需要充分发挥研究双方之间的对话交流,及时解决矛盾,提高合作质量;要充分调动大家的工作积极性、主动性,凝聚团队的智慧和力量。综上所述,教育经验融合的运行系统如图 10 所示,而化学课堂中的"有效共识"作为其工作对象和实施载体,全面融合于其中并贯穿全程。

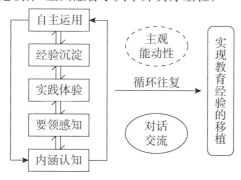

**图 10 教育经验融合阶段的运行系统**

2. 常用教研方式对运行系统的作用强度研究

运行系统的工作效率主要是由具体实施的教研方式决定的。那么,哪些教研方式能对运行系统发挥最大作用并形成最佳组合呢? 为此,我们对选用的教研方式及其作用强度开展研究。

(1) 遴选教研方式的三条原则

遴选教研方式需要确定几条原则,使遴选结果更具针对性和实效性。第一,内涵匹配性原则。教研方式要力求与认知、实践系统中的环节内涵相匹配,使其对每个环节运行的支持效果达到最佳。第二,目标匹配性原则。教研方式要力求与经验移植达成目标相匹配,为研究成效的检测提供信息支持。例如,经验融合阶段的目标是:习得方法技术、感悟思想理念、生成实践知识。那么,这个阶段的教研方式要尽可能具备这样的输出功能。第三,互补增效性原则。如果单一教研方式达不到预期效果,那么几种教研方式可以形成组合,发挥各自优势,增强作用强度,共同形成对环节运行、目标达成的支持效果。第四,不可或缺性原则。有的教研方式不一定具有明确的作用或功能指向,但不可或缺,有时需要全程贯穿。例如,课题研究、质的研究、对话交流、项目研究等研究方式对研究工作的推动、深化具有重大意义和价值。

(2) 常用教研方式的特点、功能和贡献

根据以上遴选原则和工作经验,我们选取了 12 种常用的教研方式,下面对其操作特点、教研功能和对融合阶段移植目标的贡献进行探讨。[1][2]

① 听课评课。这里的听课、评课有三种情况:一是指教师听评经验移植的示范课;二是指专家(主要是指经验输出方)听评教师的家常课;三是指团队成员相互之间的听课、评课。教研功能主要是围绕课堂实践中如何转化、呈现教育经验(即教学的策略、方法和技术),开展实践探索和体会交流。听课评课对运行系统的作用环节主要是要领感知、内涵认知、实践体验,对移植目标的贡献主要是习得方法技术、感悟思想理念。

---

① 汤立宏.校本教研专论——中小学教师人力资源开发与专业发展研究[M].北京:海洋出版社,2006:245 - 336.

② 尹祥.中小学校本研修研究综述[J].天津师范大学学报(基础教育版),2009(10):27 - 31.

② 自主课堂。自主课堂主要是指教师本人在观摩示范课后，根据对教育经验的理解，开展教学设计与课堂实践。教研功能主要是体验教育经验付诸课堂实践的过程，感受策略、方法和技术的运用操作。自主课堂对运行系统的作用环节主要是实践体验、要领感知、自主运用，对移植目标的贡献主要是习得方法技术、生成实践知识。

③ 教案札记。教案札记是指教师在上课后的反思，记录针对教育经验运用的情况，包括成功之处、存在问题和改进建议。教研功能主要是为后续的课堂实施、方法改进提供指导，同时可以深化对教育经验的理解。教案札记对运行系统的作用环节主要是经验沉淀、要领感知、内涵认知，对移植目标的贡献主要是生成实践知识、习得方法技术。

④ 课例研究。课例研究是指教师选择一节课，根据课例的基本要求，开展将教育经验运用于课堂实践的教学研究（包括课堂实践、课后总结两个阶段），并以论文的方式形成研究成果。教研功能主要是深化对教育经验的内涵认知，在思想理念层面得到提升；同时，对课堂实践的优化提出一定的创意观点。课例研究对运行系统的作用环节主要是自主运用、内涵认知、经验沉淀，对移植目标的贡献主要是感悟思想理念、生成实践知识。

⑤ 教研活动。教研活动主要是指全体教研组教师参与的研讨活动。活动时间一般由学校统一安排，活动内容、形式除了学校规定的一部分之外，主要由教研组根据自身情况确定。教研功能主要是通过系列讲座介绍教育经验的形成过程、基本观点和呈现载体，推动全组成员对教育经验的认识和理解；有时也会开展教学研究的指导活动。教研活动对运行系统的作用环节主要是内涵认知、要领感知、自主运用，对移植目标的贡献主要是感悟思想理念、生成实践知识。

⑥ 备课活动。备课活动主要是指同年级教师开展针对日常教学内容、要求的研讨活动。活动时间由备课组自行决定，一般一星期组织一次。研究人员要尽力参加研究启动后的第一轮备课活动，从第二轮开始可以少参加，甚至不参加。教研功能主要是通过每节课的备课活动，将教育经验融入教学设计、教学课件和配套练习中。备课活动对运行系统的作用环节主要是要领感知、内涵认知、经验沉淀，对移植目标的贡献主要是习得方法技术、感悟思想理念。

⑦ 项目研究。项目研究是指由部分教研组教师参加的、针对一定研究任务的研究活动。例如,选择部分教师参与实验研究、教学比赛等。教研功能主要是促进教师的专业个性发展。项目活动对运行系统的各个环节不产生直接作用,主要体现在对教师的专业关心、主观能动性的激发上;它对移植目标也不产生直接影响。

⑧ 研发课程。研发课程是全组成员参加的将教育经验融入日常教学资料中的教研方式,研究目标是形成针对每堂课的教学设计、教学课件和配套练习。课程研发和备课活动基本上实现同步,也就是说,备课活动中备课资料研讨、生成的过程也是校本课程研发、形成的过程。校本课程的定稿是在付诸课堂实践、教学反思后;校本课程的修改、完善,随教学轮次同步进行,永无止境。教研功能主要是将教育经验以纸质化形式沉淀下来,方便后续教学和深化研究。研发课程对运行系统的作用环节主要是经验沉淀、要领感知、内涵认知,对移植目标的贡献主要是生成实践知识、感悟思想理念。

⑨ 课题研究。课题研究是指将教育经验移植研究工作,申报、立项成为一定级别的教育科研课题,然后组织全组成员共同参与,责任分工。教研功能是用课题完善研究思路,助力难点突破,提高研究质量。同时,课题得到政府部门的管理和经费支持,一方面可以为研究工作的顺利推进、预期完成提供组织保障,另一方面可以激发全体教师的积极性,为教师的专业发展提供帮助。课题研究对整个研究工作具有统领作用,但对工作系统各环节的作用不具有针对性、直接性;对移植目标的贡献是全程的、渐进的,但不产生直接影响。

⑩ 质的研究。质的研究是指研究人员深入受援学校,与全组教师工作、生活在一起,成为当地学校的一分子,不仅承担教学任务,而且履行与其他教师一样的工作责任和义务,以"局内人"的身份,组织、指导校本教研,推进研究工作。[①] 其教研功能是激发教师对研究的热情和对工作的责任心,有效监控校本教研的过程和质量。质的研究对整个研究工作起着奠基作用,但对运行系统各环节的作用不具有针对性、直接性;它对移植目标的贡献是全程的、渐进的,但不产生直接影响。

---

① 陈向明.质的研究方法与社会科学研究[M].北京:教育科学出版社,2000.

⑪ 对话交流。这里的对话交流是指现场交流。教师同伴之间的听课、说课、观摩、研讨等形式，都是非常好的现场交流形式。需要注意的是必须防止它们流于形式，而丢失对话的实质。[①] 教研功能是促使大家在对话中对教育经验的内涵、付诸课堂的要求进行思考，加深相互理解和自我理解，催生新的思想火花。对话交流对整个研究工作起着关键作用，但对运行系统各环节的作用不具有针对性、直接性；它对移植目标的贡献是全程的、渐进的，但不产生直接影响。

⑫ 录像微课。这里的录像主要是指对示范课尽可能多地进行录制、留档；这里的微课是指因某种原因（时间冲突、工作安排）而无法进行示范课时，借助微课的技术平台，对示范课以讲课的形式进行录制、留档，微课时间一般在 15～20 分钟，是浓缩的教学过程。其教研功能是为教师尽可能多地提供听课观摩的机会，深化理解教育经验，领悟教学策略和方法技术。录像微课对运行系统的作用环节主要是要领感知、经验沉淀、实践体验，对移植目标的贡献主要是习得方法技术、生成实践知识。

（3）常用教研方式对运行系统的作用强度研究

运行系统的工作效率主要是由具体实施的教研方式决定的。那么，哪些教研方式能对运行系统发挥最大作用、形成最佳组合呢？为此，我们对教研方式的作用强度开展了研究。

本研究中，我们用到了听课评课、自主课堂、教案札记等 8 种教研方式。由于课题研究、质的研究、对话交流、项目研究对运行系统五个环节的作用针对性不强或不产生直接作用，因此未纳入研究范围。

研究的方法和过程如下。首先，将每种教研方式根据其对各运行环节实际发挥的作用（根据经验判断），进行前三位强度排序，并进行赋值处理。[②] 例如，研发课程，对运行系统的作用强度是经验沉淀第一位，赋值 5 分；要领感知第二位，赋值 3 分；内涵认知第三位，赋值 1 分；总分 9 分。如果三种教研方式的作用强度相当，则平均处理，均为 3 分；如果排序前两位的教研方式强度一样，则均为 4 分，排序第三位的得 1 分；如果排序后两位的教研方式强度一样，则均为 2 分，排

① 吴刚平.教育经验的意义及其表达与分享[J].全球教育展望,2004(8):45-49.
② 梁前德.基础统计[M].北京:高等教育出版社,2011.

序第一位的得 5 分。然后,按照每个运行环节,将作用强度排在前三位的教研方式分别用符号Ⅰ、Ⅱ、Ⅲ表示;若分值相同,则凭经验决定顺序。最后进行结果汇总,形成作用强度的比对数据(见表 2)。

表 2　教研方式对运行环节的作用强度汇总一览表

| | 内涵认知 | 要领感知 | 实践体验 | 经验沉淀 | 自主运用 | 小计 |
|---|---|---|---|---|---|---|
| ①听课评课 | 3 | 5(Ⅰ) | 1(Ⅱ) | | | 9 |
| ②自主课堂 | | 3 | 5(Ⅰ) | | 1(Ⅱ) | 9 |
| ③教案札记 | 2 | 2 | | 5(Ⅱ) | | 9 |
| ④课例研究 | 3(Ⅲ) | | | 3 | 3(Ⅰ) | 9 |
| ⑤教研活动 | 5(Ⅰ) | 3 | | | 1(Ⅲ) | 9 |
| ⑥备课活动 | 4(Ⅱ) | 4(Ⅱ) | | 1 | | 9 |
| ⑧研发课程 | 1 | 3 | | 5(Ⅰ) | | 9 |
| ⑫录像微课 | | 4(Ⅲ) | 1(Ⅲ) | 4(Ⅲ) | | 9 |
| 小计 | 18 | 22 | 6 | 18 | 5 | |

由表 2 看出,教研方式对运行环节的作用强度排序分别是:内涵认知,Ⅰ教研活动—Ⅱ备课活动—Ⅲ课例研究;要领感知,Ⅰ听课评课—Ⅱ备课活动—Ⅲ录像微课;实践体验,Ⅰ自主课堂—Ⅱ听课评课—Ⅲ录像微课;经验沉淀,Ⅰ研发课程—Ⅱ教案札记—Ⅲ录像微课;自主运用,Ⅰ课例研究—Ⅱ自主课堂—Ⅲ教研活动。另外,匹配教研方式最多、总体作用强度最高的运行环节是要领感知(7 种,22 分);匹配教研方式最少、总体作用强度最低的是自主运用(3 种,5 分)。以上对应关系与我们的经验基本吻合。

将以上关系增补到经验融合阶段的运行系统中,并在课题研究、质的研究、项目研究、对话交流等教研方式的全程支持下,可形成整个研究工作的运行机制(见图 11)。

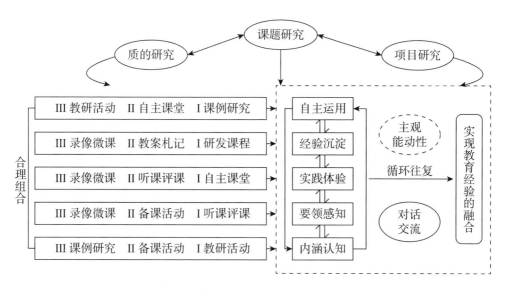

**图11 教育经验融合阶段的运行机制**

## 五、建构融合教育经验,彰显运行机制的教研模式

建构教研经验融合的教研机制,是本课题研究的重点和关键。根据经验融合的运行机制(见图11),我们认为应主要开展四方面工作:

1. 充分发挥每种教研方式的融合功能

校本教研具有促进教师专业发展、推动教育经验移植的作用和功能,即为教师提供反思性教学的条件与机遇(作用1),推动对"优质教育经验"的选择性吸收(功能1);促进教师的自我学习和主动构建(作用2),推动对"优质教育经验"的理解和运用(功能2);促进教师专业个性化发展(作用3),推动教育经验实践性知识的形成(功能3);推动学习型组织的形成(作用4),发挥团队力量对教育经验的传播作用(功能4)。那么,每种校本教研方式尽可能充分发挥上述作用和功能,从而使教育经验的融合效益达到最佳。为此,每种教研方式的使用应体现以下原则:

第一,环节匹配原则。教研环节要匹配运行系统的工作环节,发挥其针对性教研功能。例如,匹配要领感知环节的教研方式有:Ⅰ听课评课,Ⅱ备课活动,Ⅲ录像微课;匹配实践体验环节的教研方式有:Ⅰ自主课堂,Ⅱ听课评课,Ⅲ录像微课等(见表2)。

第二,强度最大原则。在匹配运行系统工作环节的教研方式中,优先选择作

用强度最大的教研方式。例如,在匹配要领感知环节的教研方式中,优先考虑选择Ⅰ听课评课;在匹配实践体验环节的教研方式中,优先考虑选择Ⅰ自主实践(见图11)。

第三,功能彰显原则。所选择的教研方式在具体实施时,尽可能地体现校本教研的四个作用和功能。下面以实践体验环节中运用Ⅰ自主课堂教研方式为例,演示具体的运用过程。

**表3　自主课堂教研方式的实施过程与作用、功能分析**

| 步骤 | 实践操作 | 作用 | 功能 |
|------|----------|------|------|
| 1 | 课前:准备教学方案;咨询实践中的注意事项 | 作用4:受示范课的启发,并得到团队的支持和帮助 | 功能4:团队在教育经验分享中发挥积极作用,并锤炼学习型组织的形成 |
| | | 作用2:根据自己对教育经验的理解开展教学设计 | 功能2:促进教师对教育经验的自主学习和理解运用 |
| 2 | 课中:运用媒体技术,采取教学策略,落实教学方案 | 作用3:体验教学策略、方法、技术的运用过程,不断形成实践经验和能力 | 功能3:促进教师基于教育经验的实践性知识的形成,教学能力逐渐得到提高 |
| 3 | 课后:及时开展教学反思,修正教学方案 | 作用1:反思针对经验运用的成功做法和存在的问题,提出改进意见 | 功能1:推动教师对教育经验的进一步理解和运用,不断提高经验吸收和课堂实施的效果 |

从表3看出,只要把握教研方式的本质内涵,用好教研方式的实践操作,就可以促进教育经验的移植和转化,从而推动学科发展和教研组建设。

2. 合理建立针对运行环节的教研组合

匹配运行环节的教研方式不止一种,每种教研方式都有其特点和功能,当一种教研方式的运用达不到理想效果时,可以根据实际情况选择若干教研方式,形成教研组合,从而达到校本教研的目的。下面以要领感知环节中运用的教研方式(听课评课,录像微课)为例,展示组合运用的过程。(听课评课:本例中的听课评课是指教师听评研究人员的示范课;录像微课:本例中的录像微课是指研究人员借助微课技术平台录制的示范课的讲课视频。)

表 4　听课评课、录像微课教研方式的组合实施与作用、功能分析

| 步骤 | 实践操作 | 作用 | 功能 |
|---|---|---|---|
| 1 | A. 上课:研究人员上示范课,展示将教育经验付诸课堂实践的过程。<br>B. 微课:因为时间冲突,研究人员的示范课改为微课视频 | 作用 2:研究人员根据自己对教育经验的理解来示范教学设计和课堂实践 | 功能 2:推动教师对教育经验的自主学习和理解运用 |
| 2 | 听课:团队成员观摩示范课(或微课视频),感受将教育经验付诸课堂落实的过程 | 作用 3:团队成员感受教学策略、方法、技术的运用过程,自主感悟实践的要领 | 功能 3:促进教师基于教育经验的实践性知识的形成 |
| 3 | A. 研讨评课:研究人员说明教学设计的意图,团队成员参与讨论、交流。<br>B. 微课评课:将微课视频作为载体,开展讨论交流和微格教研 | 作用 1:回顾教育经验付诸课堂实践的过程,反思存在的问题,总结成功的经验 | 功能 1:推动教师对教育经验的进一步理解,不断提高课堂效果 |
| | | 作用 4:发挥同伴互助的精神,集思广益,共享团队的智慧和力量 | 功能 4:在同伴互助的过程中推动教育经验的分享传播和学习型组织的形成 |

从表 4 看出,当时间发生冲突造成研究人员无法上示范课时,微课视频就可以及时发挥替代示范课的作用。微课视频制作简单,制作时间灵活,研究人员可事先做好。因为没有学生,微课视频主要呈现课堂结构和教学环节,讲课时间一般在 15～20 分钟。虽然微课视频是浓缩了的教学过程,但对培养青年教师的教学能力具有重要意义。

实际上,匹配每个运行环节的教研方式,根据实际情况或突发事件,都可以形成临时或长久的教研方式组合。例如,在内涵认知环节中,备课活动和课例研究教研方式的组合;在实践体验环节中,自主课堂和听课评课教研方式的组合等(见表 2)。

### 3. 探索建构针对运行机制的教研模式

针对运行环节的教研方式组合,实际上是针对整个运行系统中"点"操作的优化研究,是横向层面的研究;构建教研模式,则是针对整个运行系统中"线"操作的优化研究,是纵向层面的研究。这是我们在建构工作模型、运行机制后,采取的具体推进教育经验移植实践的工作策略。

这里的教研模式,是指以实现教育经验融合为功能目标,以连续、循环的运

行环节予以实施,以最佳组合的教研方式参与工作的校本教研工作系统。由于教研方式的多样性,加上教学实际的差异,建构的教研模式不是唯一的,发挥的教研功能也有所差异。下面介绍最常见的三种教研模式。①

模式一  凸显个人教学反思功能的教研模式

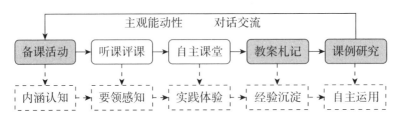

图 12    教研模式一的实践环节和操作流程

本模式突出备课活动、教案札记、课例研究三个环节,凸显教学反思的教研功能。备课活动,每周一次,安排一周的教学内容,重点研讨教育经验在每堂课中的渗透、融合载体;教案札记,记录每堂课后的教学反思,包括成功之处、存在问题和改进建议;课例研究,遴选一堂课,深度思考教育经验运用的策略、方法和技术,并开展实践研究和经验总结。

模式二  凸显备课组课程研发功能的教研模式

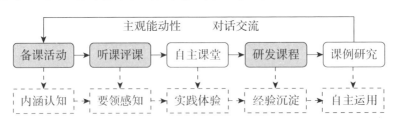

图 13    教研模式二的实践环节和操作流程

本模式突出备课活动、听课评课、研发课程三个环节,凸显课程研发的教研功能。校本课程的研发,实际上是对教育经验输出方的校本课程(教学设计、教学课件、配套练习)进行本土化改造,主要依托备课活动进行。例如,本周的备课活动,重点研讨针对本校的学生实际,如何修改校本课程,并形成初案文本;在听课评课、自主课堂环节后,在下周的备课活动中,对初案文本进行修改、定稿,形

①    王斌华.校本课程论[M].上海:上海教育出版社,2000:15-20.

成校本课程资料。

模式三 凸显教研组同伴互助功能的教研模式

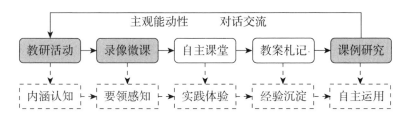

**图14 教研模式三的实践环节和操作流程**

本模式突出教研活动、录像微课、教研活动三个环节,凸显同伴互助的教研功能。教研活动,每两周一次,全组成员参加,主要以系列讲座的形式让大家理解教育经验的内涵和付诸课堂的实践操作。录像微课是将预先录制的示范课录像或微课发给大家自主学习;在自主课堂后,要求大家开展教学反思,形成教案札记;最后,在下一次的教研活动上进行交流、研讨。

4. 依托教研模式,开展教育经验的融合研究

(1)清晰、简约地表达教育经验的核心内涵:四层级内容系统、六要素策略系统及其关系①②

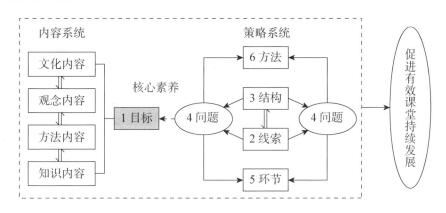

**图15 化学课堂"有效共识"的经验模型**

① 毛东海.运用"有效共识"培养化学学科核心素养[J].化学教学,2018(8):39-44.
② 毛东海.教育经验异地移植中"对话机制"的构建与实施——以化学课堂"有效共识"移植研究的"对话"实践为例[J].化学教学,2022(3):25-30.

（2）合理运用教研模式，有序推进教育经验的移植研究

在前面的研究中，提出了建构校本教研模式的基本思路，并探讨了三种不同功能的教研模式。下面以第二种教研模式为例，以高一化学"氨"为研究课题，介绍化学课堂"有效共识"异地移植的基本做法。

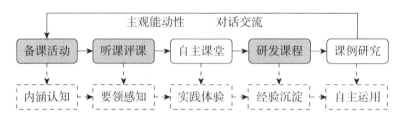

**图16 教研模式二的实践环节和操作流程**

做法一　彰显融合有效共识观点的教学目标与课堂结构[①]

• 知识与技能目标

知道氨分子的结构、物理性质（①④）；理解氨的化学性质（①②③④）；知道氨在工农业生产及生活中的主要用途（⑤）。

• 过程与方法目标

通过对氨分子结构、氨水中微粒的讨论，感受从微观角度认识宏观物质的方法，感受物质变化中的平衡思想（①）；通过对氨化学性质的学习，认识"提出假设—实验证据—得出结论"的思想方法（③）。

• 情感态度与价值观目标

通过对氨在农业生产中用途的介绍，感悟化学对人类作出的巨大贡献（⑤）；通过对哈伯功、过的分析，感悟科学精神与人文精神的重要性，感悟辩证地看待和分析问题的价值（⑤）。

（注：这是"氨"一课的教学目标，目标描述中的带圈数字表示核心素养的培养维度：①表示"宏观辨识与微观探析"；②表示"变化观念与平衡思想"；③表示"证据推理与模型认知"；④表示"科学探究与创新意识"；⑤表示"科学态度与社会责任"。后文中图17、表5、表6中的带圈数字含义与此相同。）

---

① 毛东海.基于化学课堂"有效共识"的教学设计[J].化学教学，2012(10)：6-9.

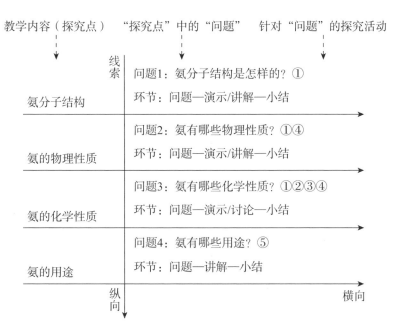

**图 17 "氨"一课的课堂结构**

做法二 建立贯穿"有效共识"观点的教研模式的运行过程与实践操作

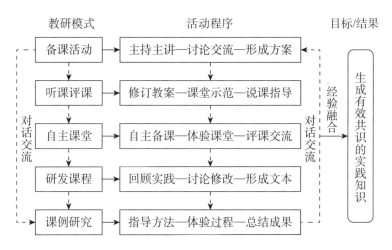

**图 18 教研模式二对化学课堂"有效共识"的移植过程**

第一,备课活动——从内涵认知层面发挥融合经验的作用。

备课活动的目的是学习、理解化学课堂"有效共识",形成校本化教学方案;

主要包括"主持主讲—讨论交流—形成方案"三个步骤。其中，讨论交流与主持主讲穿插在一起，重点突出针对本校实际的内容修改、水平调整和资料完善。

下面是针对四层级内容系统、六要素策略系统的讨论和交流框架：

**表5    四层级内容系统与核心素养融入的讨论框架①②③**

| 内容层级 | 核心素养的融入素材或载体 |
|---|---|
| 知识内容 | 知识内容，即化学学科中的核心知识。本课中的知识内容是：氨分子结构（①）、氨的物理性质（①④）、氨的化学性质（①②③④）、氨的用途（⑤） |
| 方法内容 | 方法内容，即化学学科中典型的研究方法。本课中的方法内容是：利用化学实验探究氨的化学性质，呈现"提出假设—实验证据—得出结论"的思想方法（③） |
| 观念内容 | 观念内容，即人们在认识化学的实践活动中形成的一种思维方法或学科观念。本课中的观念内容有：微粒观（氨分子结构、氨水中微粒，①）；平衡观（氨气和水的可逆反应，氨水的电离平衡，②）；变化观、能量观（化学性质，②）；化学史实观（哈伯发明氨气的历史材料，⑤）；应用价值观（氨气对粮食生产的重大贡献，⑤） |
| 文化内容 | 文化内容，即除上述三层内容外，蕴含于化学教学素材中的具有育人价值的思想观念、思维方式或审美情趣。本课中的文化内容有：科学精神与人文精神（哈伯是一个有争议的科学家，⑤）；生命意识（氨气对粮食增产的贡献，氨气泄漏后的应急处理，⑤）；资源意识与环保观念（过度使用化肥会造成浪费和污染，⑤）；辩证思想（辩证地看待氨气的"功"与"过"，辩证地看待哈伯的贡献与错误，⑤） |

---

① 毛东海.运用"有效共识"培养化学学科核心素养[J].化学教学，2018(8)：39-44.

② 毛东海.统筹知识、方法和观念三层面教学内容的教学设计[J].化学教学，2016(3)：49-53.

③ 毛东海.中学化学关于"文化内容"的思考、挖掘和课堂实践[J].化学教学，2017(1)：25-29.

表6　六要素策略系统与核心素养融入的讨论框架①②③④⑤

| 策略要素 | 核心素养的融入素材或载体 |
|---|---|
| 目标 | 目标(即教学目标),对课堂进行方向定位和过程引导。目标描述,行为主体要恰当,行为动词要规范,同时尽可能地融入核心素养的培养内容。参见前文做法一(①②③④⑤)。 |
| 线索 | 线索(即教学线索),是贯穿一堂课的思想、理念或教学发展的关系,体现教师授课纵向推进的思路。本文中的知识线索是氨分子结构—氨分子性质—氨分子用途,由此形成的知识递进发展的逻辑关系;从中可渗透"微观探析与宏观辨识"的核心素养(①)。本课中的方法线索是"提出假设—实验论证—得出结论"的研究思路,从中可强化"证据推理与模型认知"的核心素养(③) |
| 结构 | 结构(即课堂结构),是课堂教学的基本框架,体现教学资源的最优化配置。课堂结构对核心素养融入的影响,主要体现在问题布局的合理性上,包括是否设计了针对性问题(核心问题形成纵向结构,相关问题形成横向结构),问题的结构布点、呈现序列是否合理等(参见图17) |
| 问题 | 问题(即有效问题),是承载教学内容的核心载体,是展开教学活动的关键抓手。恰当的问题设计,不仅可以突出教学重点,而且可以彰显核心素养的培养目标。例如,问题"氨分子结构是怎样的",在提出学习目标的同时,也为"宏观辨识与微观探析"的素养培养做好铺垫(①②③④⑤;参见图17) |
| 环节 | 环节(即教学环节),是针对课堂探究点开展的活动程序及教学行为。合理的教学环节,不仅可以有效地解决实际问题,而且可以成为落实核心素养的有效路径。例如,"问题—板示/演示—小结"的教学环节,在推进化学性质探究的同时,也为"证据推理与模型认知"的素养培养提供了证据载体与实证体验(③,参见图17) |
| 方法 | 方法(即学习方法),是在探究活动后,对思维要点或思想方法进行精心归纳及符号呈现,留痕知识迁移的操作。方法对核心素养的融入,主要表现在文字的合理总结及表征符号的强度呈现上。例如,在完成氨与盐酸、硫酸的化学性质探究后,可形成精简文字及黄色字体"氨＋酸→铵盐",从中强化"证据推理与认知模型"的核心素养(③) |

① 毛东海.化学课堂有效教学的"线索"和"结构"[J].化学教育,2012(10):23-25.
② 毛东海.试论化学课堂"有效教学"的"环节"与"方法"[J].化学教学,2012(1):7-10.
③ 毛东海.试论化学课堂中"有效问题"的设计[J].化学教育,2011(10):22-23.
④ 毛东海."引导—探究"教学环节"关键行为要素"的细化实施[J].化学教与学,2014(10):2-5.
⑤ 毛东海."自主—探究"教学范式"关键行为要素"的细化实施[J].化学教育,2016(13):32-35.

第二,听课评课——从要领感知层面发挥融合经验的作用。

听课评课的目的是感受化学课堂"有效共识"付诸实践的过程。教研过程主要包括"修订教案—课堂示范—说课指导"三个步骤(见图18)。

步骤1:修订教案。研究人员根据自身的特点和学生实际,进一步开展个性化备课,修订教学方案;同时,做好其他课堂准备工作。

步骤2:课堂示范。研究人员进行课堂示范;其他教师参与听课观摩,做好记录。教学过程基本按照以下课堂结构展开,采取的管理策略是:自我提醒、全程管理。具体做法是:全程关注"问题提出、环节实施、方法总结"三要素的课堂落实,及时提醒核心素养落实的时间节点、承载的问题(或素材)以及针对核心素养内涵的评论。

步骤3:说课指导。研究人员说课,重点围绕教育经验付诸课堂的教学策略、实践效果和存在问题展开。其他教师参与评课,提出问题,讨论交流。

第三,自主课堂——从实践体验层面发挥融合经验的作用。

自主课堂的目的是体验转化化学课堂"有效共识"的实践要领。自主课堂主要包括"自主备课—体验课堂—评课交流"三个步骤(见图18)。

步骤1:自主备课。教师个人开展自主备课。根据自己的特长和班级实际,主要是针对在集体备课活动中形成的教案初案进行修改,形成自己的教学方案。

步骤2:体验课堂。教师根据自己的教学方案进行上课,体验教育经验的实践转化过程;研究人员和其他教师共同参与听课,做好记录。

步骤3:评课交流。以多种形式组织评课交流活动。先是上课教师说课,再是研究人员和其他教师参与评课交流,重点围绕教育经验的实施效果展开讨论。

第四,研发课程——从经验沉淀层面发挥融合经验的作用。

研发课程的目的是沉淀、发展化学课堂"有效共识"教育经验。校本课程有三种:教学设计、教学课件和配套练习。研发课程主要包括"回顾实践—讨论修改—形成文本"三个步骤(见图18)。

步骤1:回顾实践。在备课活动上,大家共同回顾"氨"一课的教学过程和实践效果,对原先的教学方案提出各自的修改意见。

步骤 2:讨论修改。大家对各自的修改意见进行讨论,确定最后的修改意见。

步骤 3:形成文本。在第一次方案的基础上,对教案、课件和配套练习进行修改,形成定稿;最后,利用 QQ 群资源共享。

第五,课例研究——从自主运用层面发挥融合经验的作用。

课例研究的目的是深化对化学课堂"有效共识"的认识,培养教学研究的方法和能力。课例研究包括"指导方法—体验过程—总结成果"三个步骤(见图18)。

步骤 1　指导方法。鼓励教师选择成功的一堂课,开展课例和研究,"氨"就是很好的研究素材。选定素材后,研究人员参与指导研究的视角、方法、内容等,帮助教师形成研究的基本思路。研究的视角和主题尽可能与教育经验的移植研究工作结合起来。

步骤 2　体验过程。根据研究思路,教师自主开展课例研究,体验从研究主题确立到研究成果形成的全过程。

步骤 3　总结成果。研究人员指导教师撰写、修改论文,形成具有发表质量的成果;然后,指导其投稿和发表论文。

总之,化学课堂"有效共识"异地移植的研究是一项富有意义的工作。探索合理的工作模型、运行机制与工作策略,不仅可以对教育经验移植工作本身起到关键的突破和引领作用,而且在较短时间内,可以显著提高课堂教学的质量,促进青年教师尽快成长;同时,对整个教研组团队建设起到重要的推动作用。

## 六、加强教育经验异地移植的教育管理和教研文化

### 1. 创造嫁接教育经验的学校环境

经验嫁接的工作目标和评价指标是:建立嫁接载体、形成研究团队、获得资源保障。为此,对学校的教育管理提出如下建议:

第一,吸纳教育人才。教育人才是承载教育经验的重要资源,吸纳教育人才就能为学校的教育发展注入活力。目前,上海市已经建立了特级校长、特级教师等教育人才的流动机制;各区建立了教育集团或跨区教育结对机制、名师工作室带教机制等。这些都为学校的教育发展创设了良好的外部环境。加强教育人才的吸纳力度应成为当前学校教育发展的重要决策。

第二,搭建研究平台。在吸纳教育人才后,学校要及时助推研究团队的形成,为教育人才尽快发挥作用搭建平台。例如,建立名师工作室、特级教师工作室等,让研究工作在合法、合理的条件下开展。同时,学校要赋予教育人才对学校教研组一定的领导、管理职责,并对全组教师提出支持、配合的要求。这里需要强调,教育人才最好亲临课堂,与教师一样带班上课,这对研究工作非常有利。

第三,建立资源保障。研究工作肯定需要消耗财力、物力,需要各管理部门的配合和支持。为此,学校要尽快落实好相关部门的服务职责,要为研究工作的顺利推进提供便利和资源保障;同时,学校要为研究团队外出学习、学术交流争取机会;要为研究团队的课题申报、研究推进和成果发表提供经费保障。学校要服务好教育人才的日常生活,要创设必备的生活条件。

2. 建立融合教育经验的研究资源

根据经验移植的规律,教育经验的融合是整个研究工作的关键阶段。为此,作为研究者、经验的传播者,建立针对融合阶段的研究资源非常重要,也非常迫切。一般来说,需要做好三项准备工作:

第一,精心准备教育经验的移植载体。例如,化学课堂"有效共识"包括理论内容(成果内涵)和实践载体(校本课程)。其中,理论内容包括四层级内容系统(知识—方法—观念—文化)、六要素策略系统(目标⇄线索⇄结构⇄问题⇄环节⇄方法),相关资料包括30多篇发表的论文和1本专著。校本课程包括高一至高三的全程校本资料,包括每堂新授课的教学设计、教学课件、配套练习和其他复习资料(共9册,50多万字)。以上资料是承载教育经验的核心载体。为了让这些载体尽早、尽快、尽好地发挥作用,笔者到松江四中前就对这些资料进行了精心梳理,确保文本的精致性、系统性和可读性。

第二,尽早制订经验移植的行动计划。为了使研究工作得到学校的支持,尽早制订经验移植的行动计划是非常有必要的。行动计划尽可能详细,具有可操作性,要让学校知道想做什么,哪些事情可能有困难,学校怎样配合……例如,笔者到松江四中的第一周,就向校长、书记书面汇报了支教工作的行动计划。第一年的工作目标有:(1)摸清教研组教师的课堂教学现状;(2)了解教师的专业发展诉求,特别是青年教师的想法;(3)开展"有效共识"的校本研修系列活动;(4)参与课堂实践;(5)申报区级重点课题……行动计划的制订为研究工作指明了方向，也向学校表明了努力工作的决心，给自己压担子。

第三，组建研究团队，争取资源保障。在到松江四中的第一天，学校举行了欢迎仪式。让笔者感动的是，学校领导全部出席，化学组教师全部出席（上课的除外）。特别让笔者欣喜的是，学校为笔者揭牌了特级教师工作室，并要求各管理部门全力支持、配合笔者的工作，对化学组教师积极参与工作室的工作提出了明确要求。这样的一个简短会议，实际上为教育经验的移植研究工作搭建了研究平台，形成了研究团队，建立了资源保障。这里需要说明的是，组建研究团队的主动权，除了学校掌控外，为了不耽误时间，研究者自己也可以主动出击，寻求学校的帮助和支持。

3. 培育创新教育经验的教研文化

教育经验的嫁接是基础，融合是关键，创新是目标。只有将教育经验创造性地运用到本校的教学实际中，才能发挥其最大的研究和实践价值，教育经验的移植工作才算真正完成。这项工作的完成，既要依靠学校原有的教师群体，又要依托整个学校不断培育创新实践的教研文化。

第一，激励专业发展的职业理想。据调研，青年教师对专业发展的主观愿望都是很迫切的，大家都想成为好教师，成为受学生喜欢、家长尊敬的好教师。但是，仅有愿望显然是不够的，唯有把专业发展的目标纳入人生的理想和规划中，才会对"优质教育经验"的学习和创新倾注浓厚的兴趣和持久的行动。例如，尽早制订职称晋升的目标和计划，将教学研究的方向与教育经验的创新紧密结合起来；培养阅读专业书籍的习惯，吸纳创新教育经验的方法和智慧等。

第二，自主运用已经习得的经验。当一个教育经验在经历了经验嫁接、经验融合后，实际上已经被自己接纳和掌握。但是，接纳、掌握经验还只是经验学习的初级阶段（或者说模仿阶段），只有将掌握的经验自主运用到课堂实践中，才可能实现经验的创新，达到经验学习的高级阶段。为此，教师应将教育经验的运用和日常的课堂教学紧密地结合起来，形成运用经验的行为自觉；应养成撰写反思札记的习惯，不断深化对教育经验的理解和掌握；应自主开展基于教育经验的课例研究，探索教育经验运用的效果和问题等。

第三，探索经验创新的课堂实践。这里的经验创新，是指对教育经验的内涵或运用植入一定的要素变革或技术突破，对原有的教育经验注入一定的新特质，实现教育经验的创新发展。尽管这种做法有一定难度,但作为一个有理想、有志趣的青年教师,要有勇气去体验和尝试。教育经验的创新可以通过课题研究的途径,借助系统思维的力量和教育专家的帮助,突破难点、凸显亮点。教育经验的创新,主阵地在课堂,出发点和归宿点是课堂实践的完善和育人效果的提升。教育经验创新完成的标志是形成新的教学实践知识,即生成二次经验。

# 成果四 "优质教育经验"异地移植之对话机制研究①

　　探讨了对话机制在教育经验移植中的意义、价值和系统构建的过程;以化学课堂"有效共识"为例,介绍了对话机制的实施过程和管理策略;最后,提出了下阶段研究工作的重点。

## 一、对话机制在教育经验移植中的意义、价值和系统构建

　　下图是笔者构建的化学课堂"有效共识"之融合阶段的运行机制(见图20)。我们认为,经验融合阶段应包括五个学习或体验环节:内涵认知、要领感知、实践体验、经验沉淀和自主运用(见图20虚框内左侧部分;以下简称经验融合系统)。② 经验融合系统,需要经过多个轮回的环节运行;同时,需要充分发挥研究双方之间的对话交流,凝聚团队的智慧和力量,最终生成教学实践知识,达到教育经验移植的目的。③

　　对话是指两人或两人以上用语言交谈,其实质意义是对话者的自我理解与对话者之间的相互理解。对话是分享教育经验的重要途径,在对话过程中,教师不断迸发出新的思想火花,形成新的思想生长点。一旦离开了平等和双向交流,

　　① 毛东海.教育经验异地移植中"对话机制"的建构与实施——以化学课堂"有效共识"移植研究的"对话"实践为例[J].化学教学,2022(3):26-32.
　　② 毛东海.化学课堂"有效共识"异地移植的实践探索——教育经验异地移植的运行机制与工作策略研究[J].化学教学,2020(11):33-40.
　　③ 刘澍,杨娟.经验移植:教学实践性知识生成过程中的意向性觉知——以基础课教学为观察对象[J].中国高教研究,2013(4):107-109.

分享教育经验的可能性就变得微乎其微。①

在教育经验移植中,对话主要是通过教研方式的实施来发挥作用的(见图20左侧部分),或者说,教研方式需要依托对话互动才能对经验融合系统发挥作用。其作用过程如图19所示。

**图 19　对话对教育经验移植作用示意图**

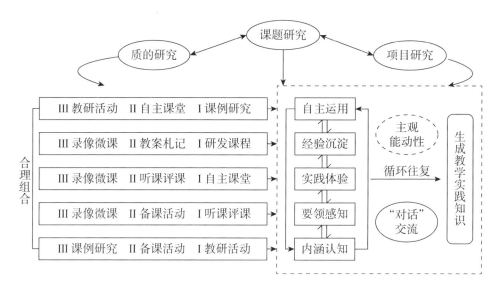

**图 20　化学课堂"有效共识"之融合阶段的运行机制**

要真正实现对话的功能和价值,需要哪些条件? 笔者认为,关键是要建立一个对话机制,即挖掘基于教育经验传播的对话活动所需要的关键要素,并建立合理的作用关系和系统结构;在此基础上,尽力推动关键要素的性能提升和彼此关系的和谐发展。

校本教研是学校管理中推动教师专业发展、传播教育经验的主要平台和重要途径。下面,笔者围绕流动学校的校本教研的现状和改进实践,针对对话机制的系统构建进行探讨。

---

① 吴刚平.教育经验的意义及其表达与分享[J].全球教育展望,2004(8):45 - 49.

阶段一　观察校本教研的现状——梳理基于专业发展的对话问题

案例1　基于学校组织每月一次的教研活动

这里的教研活动是指学校统一组织的、全体学科教师参与的研讨活动,是校本教研的基本方式之一。一般每月活动一次。以下为笔者参与流动学校的第一次教研活动的场景:

周五下午3点,化学教研活动开始。教研组长王老师首先传达了学校的工作文件《关于学校培育社会主义核心价值观的管理意见》。先请教师轮流宣读文件内容,再结合本学科的特点讨论具体做法。随后,通报了本学期见习期教师教学汇报的活动安排,并讨论确定化学组参赛名单和课题内容。最后,欢迎毛老师对教研组工作进行指导,并谈谈三年支教工作的想法。全程活动约1小时,其中第一件事约占30分钟,第二件事约占20分钟,第三件事约占10分钟。

[分析]上述场景在日常校本教研中并不少见。作为教研组长,基本上履行了学校赋予的管理责任,但从教师专业发展角度来说,主要存在以下问题:第一,专业对话的时间较少,没有占活动主体。针对核心价值观的工作讨论,主要停留在对学生的思想工作层面,没有真正落实到学科层面。第二,专业对话主题不明确,只是应付学校布置的任务,而不是针对课堂实践的真实问题。第三,专业对话的主体不平等,以居高临下的工作布置为主,缺乏主体平等的思想沟通。这样的教研活动,对促进教师的专业发展作用不大。

案例2　基于学科管理每周一次的备课活动

这里的备课活动是指同学段、同学科教师参与的研讨活动,是校本教研的基本方式之二。一般一周安排一次。以下是笔者参与流动学校的第一次备课活动场景:

周二下午1点,高一化学备课组长李老师主持了备课活动。首先,请大家交流前面三节课教学目标的达成情况和作业中的问题,并讨论、达成了个别辅导的统一意见。其次,对后续三节课的教学安排提出自己的想法:第一节课上"氯气的性质",第二节课上"盐酸的性质",第三节课进行"作业评析"。他对每节课的教学内容、实验安排、作业布置等情况都进行了详细的说明,同时征求大家的意见(大家基本上没有意见)。最后,请毛老师对备课活动进行指导(笔者没有评论备课活动,只表明了和大家一起研究有效课堂的态度和决心)。备课活动约40

分钟,其中第一部分约10分钟,第二部分约25分钟,第三部分约5分钟。

[分析]从上述场景看出,李老师是个很负责任的备课组长,无论是工作态度还是专业水平都值得肯定。但是,从教师专业发展角度来说,主要存在以下问题:第一,研讨活动局限于学科内容的安排,而对学科教法的研讨没有深入;第二,没有调动大家的积极性,专业对话很少;第三,没有研究主题的融入和引领,教研质量不高。这样的备课活动,对分享教育经验、推动教师的专业发展作用有限。

在日常组织的听课评课活动中,也发现了如下问题:第一,缺少教学共识。大家各抒己见,观点不一,争论不休。第二,缺乏理论指导。大家对有效课堂的理解,完全是凭自己的感觉、喜好,因而观点没有说服力,有的甚至带着偏激情绪。

阶段二 修正校本教研的实施——探索基于专业发展的对话机制

1. 对话要素的探讨

根据上述案例,我们认为基于教师专业发展的对话机制应包括以下核心要素:

① 对话对象。这里的对话对象一般是指同学科教师,包括组织者、参与者。组织者可以由研究人员、教研组长、备课组长等担任。同时,组织者承担管理职责,要对"对话"的方向、发言的机会、现场的气氛进行监控,努力提高对话的积极性、针对性和有效性。

② 对话主题。这里的对话主题可以是某种教学方法的探讨,也可以是某个教育理论的学习,或者是针对某个教育经验的观点借鉴等。总之,要与教师的专业发展有关,最好是贴近课堂实践。同时,对话主题要有一定的延续性和发展性。

③ 平等对话。对话的组织者要积极创设民主和谐的活动气氛,要让大家感到,人人都是平等对话的主体,都有平等发言的机会。平等对话是主体平等的双向交流,是思想表达和情感互动的有机统一,是研究团队的智慧共享。

④ 对话素材。这里的对话素材主要是指围绕课堂实践的素材,可以是一堂课的教学设计,也可以是一堂课的教学视频,或者是一个教学研究的案例。对话素材,一般需要人手一份,以方便大家当堂讨论。对话素材,要力求文本精致、篇

幅适宜,同时要与对话的主题匹配、一致。

2. 对话机制的建立

根据上述讨论,我们可以勾勒出基于教师专业发展的对话机制的基本内涵:对话主体(组织者、参与者)在一定的时空环境中,依托一定的教研方式,利用准备的课堂素材,根据一定的对话主题,以平等对话的氛围和机会开展的思想交流活动。对话机制的工作系统可参见图21中由三个灰色线框构成的示意图,工作系统的目标是促进教师的专业发展。

阶段三　强化对话的内容和方式——建构基于经验移植的对话机制

对话机制的建立,有力地推动了校本教研的质量提升,促进了教师专业的发展。同时,在"有效共识"的移植研究中,也产生了积极作用。但是,在经过一年多的研究实践和效益评估后,仍然发现了以下问题:

第一,对"有效共识"的内涵认知不深刻、不扎实,影响了经验融合系统的自主、持续的运转。"有效共识"包括四层级内容系统、六要素策略系统,具体观点主要通过系列专题讲座进行培训。在上述对话机制中,"有效共识"仅作为一个对话主题(即如何将"有效共识"运用到课堂实践中),具体观点默认为大家已经掌握。实践证明,专题培训的效果没有达到预期,大家对"有效共识"的认识不深刻、不扎实,有的理解偏颇,甚至发生错误。例如,将内容系统中的方法内容等同于策略系统中的方法要素,其实两者既有区别,又有联系。内涵认知的缺损,严重影响了经验融合系统的自主、持续的运转。

第二,对"有效共识"的教学设计生搬硬套,影响了经验融合系统中要领感知的工作环节。学习"有效共识"的目的是把"有效共识"运用到课堂实践中,其重要的中间环节就是教学设计。研究发现,大家对"有效共识"如何融合到教学设计中(即每一个教案中)还相当迷茫,缺乏自信,没有形成能力。平时的教学设计主要是依样画葫芦,即依照笔者提供的教案样例进行模仿撰写,有的甚至原封不动,照搬照抄。例如,课堂结构,虽有纵向、横向结构的外在形式,但缺乏对结构中问题、环节的逻辑思考和价值判断。这说明大家对经验融合系统中的要领感知环节没有真正掌握。

第三,对"有效共识"的课堂转化缺乏主动意识,影响了经验融合系统中实践体验的工作环节。教案中虽然融入了"有效共识"的内容,但是在课堂上没有落实到位,有的甚至抛开了设计初衷,完全凭感觉上课。例如,预案中设计了探究性实验,课堂中却实施了验证性实验;应该总结学习方法,却没有留下丝毫的方法痕迹。教学设计和课堂实践,俨然成了"两张皮"。教育经验移植的结果、效果最终是要发生在课堂上的,也就是要体现在经验融合系统中的实践体验环节。离开了课堂上的主动意识和体验实践,研究的意义和价值就不存在了。这是本研究最大也是最为关键的问题。

基于以上问题,笔者认为,必须对上述对话机制进行修正,以进一步构建凸显教育经验移植效果的对话机制。具体增补以下两个关键要素:

① 增补对话内容,增强对话的针对性。增补对话内容,就是要增补教育经验的观点内容,要把观点内容以一定的符号形式和内容板块固定下来,以提醒对话者,在教研活动之前需要按照这些要求来准备对话内容,在教研活动中要根据现场情况进行选择性运用。这样做,就保证了对话过程始终聚焦教育经验的核心内容,从而对经验融合系统的内涵认知及整个工作系统产生推动作用。例如,可以将化学课堂"有效共识"的核心观点设计成"有效共识"分析和评价表(参见表7)①,在教研活动前发给每位教师并要求自主完成。

② 增补对话方式,增强对话的有效性。增补对话方式,就是要求对话的组织者要重点围绕对话内容组织对话活动,包括确定发言的主体,组织对话的对象,引导对话的主题、方向,控制发言的时间、次数等,促使参与对话的每个成员围绕既定要求回答问题,参与讨论。这样做大大提高了针对性对话的频度和强度,从而将基于教育经验的对话交流始终贯穿教研活动始终。在这个过程中,经验融合系统的内涵认知、要领感知、实践体验等环节会受到最为直接的、明显的影响。

将以上两点增补到原先构建的对话机制中,就形成了基于教育经验移植的"对话机制"(见图21)②,其中对话主题、对话内容、对话方式是推动教育经验分享、传播最为关键的三要素。平等对话是前提,对话素材是载体。实践证明,这样的对话机制有力地推动了"有效共识"的移植研究。

---

① 毛东海.运用"有效共识"培养化学学科核心素养[J].化学教学,2018(8):39-44.
② 吴俊明.化学学习论[M].广西:广西教育出版社,1996:16-21.

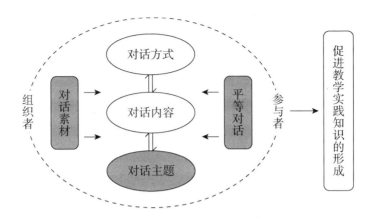

**图 21　基于教育经验移植的对话机制示意图**

## 二、化学课堂"有效共识"移植研究中的对话实践

下面以化学课堂"有效共识"教育经验为例,并结合"硫酸"一课的内容,介绍对话机制的实施过程和管理策略。

1. 对话要素的说明

这里的组织者是指研究人员(笔者),参与者是指流动学校化学组教师(重点是青年教师)。对话主题:如何将"有效共识"运用到化学课堂实践中;对话内容:四层级内容系统、六要素策略系统;对话方式:根据如表 7 所示的对话路径进行有目的、有选择的互动交流,要求人人发言;对话素材:"硫酸"一课的课堂观摩。

2. 对话活动的管理

准备工作,组织者提前一周完成。要求开课者认真备课,其他教师认真听课或观看录像。接着,全体教师填写"有效共识"分析和评价表(见表 7)。最后,尽快安排评课活动。

评课活动,重点做好以下环节:(1)说课环节。开课者首先介绍课堂的基本情况,然后围绕如表 7 所示的板块进行自我分析和评价。(2)对话环节。研究人员重点选择表 7 中的若干板块进行提问和交流,肯定成功,指出问题。(3)互动环节。其他教师选择表 7 中的若干内容,与开课者进行互动;研究人员认真倾听,即时点评,引导对话深入。(4)小结环节。研究人员评价大家的对话表现,并对课堂改进的建议进行小结。

### 3. 对话案例的分析

课题:硫酸;开课者:小于老师。

限于篇幅,下面仅对策略系统的对话实践进行案例讨论。表7是针对"硫酸"一课策略系统的分析和评价表,其中包括对话的内容板块、对话的内容框架(对话依据、对话内容),对话的组织与修正说明。

**表7 "有效共识"之策略系统分析和评价表**

| 六要素策略系统 | 根据课堂教学或视频观摩分析、评价六要素策略的达成情况 |
|---|---|
| 目标 | [对话依据] 根据四层级内容系统的设计情况,按照三个目标维度,凝练教学目标,力求做到文字简练,描述恰当,形成合力。① <br> [对话内容] <br> 知识与技能:理解浓硫酸的物理性质,掌握浓硫酸的三大特性,了解浓硫酸的用途。<br> 过程与方法:通过浓硫酸特性的探究活动,认识"提出问题—实验论证—总结结论"科学探究的一般思路,培养"证据推理与模型认知""科学探究与创新意识"的核心素养。<br> 情感态度与价值观:通过浓硫酸和稀硫酸性质的比较学习,感悟"现象与本质""量变与质变"的辩证唯物主义观点;通过浓硫酸的性质实验,加强人身安全和环保观念的教育。<br> 核心素养的培养契机②:根据内容系统的频度分析和教学素材的匹配度,确立"证据推理与模型认知""科学探究与创新意识"作为本课重点培养的核心素养。<br> [对话组织与修正说明] <br> 通过研究人员与小于老师的对话环节,指导目标是由内容系统凝练而成的。知识与技能目标中增补了"了解硫酸的用途"(完善知识内容)。通过教师之间的互动环节,过程与方法中增补了科学探究与创新意识的核心素养,并强化了核心素养重点的选择策略 |
| 线索 | [对话依据] 教学线索分为三种类型:内容线索、方法线索、思想线索。③ <br> [对话内容] <br> 内容线索:浓硫酸的物理性质—浓硫酸的化学性质—浓硫酸的用途,在知识内容的逻辑关系上呈现并列关系。这是一条明线索 |

① 毛东海.基于化学课堂"有效共识"的教学设计[J].化学教学,2012(10):6-9.
② 毛东海.运用"有效共识"培养化学学科核心素养[J].化学教学,2018(8):39-44.
③ 毛东海.化学课堂有效教学的"线索"和"结构"[J].化学教育,2012(10):23-25.

（续表）

| 六要素<br>策略系统 | 根据课堂教学或视频观摩分析、评价六要素策略的达成情况 |
|---|---|
| 线索 | 方法线索：以"提出假设—实验验证—得出结论"科学探究的一般思路作为暗线索，贯穿浓硫酸三个特性的学习全程。<br>核心素养的培养契机：方法线索中蕴含"证据推理与模型认知""科学探究与创新意识"的培养机会。<br>[对话组织与修正说明]<br>通过对话环节，知识线索中增补了浓硫酸用途部分，使知识线索更加完整流畅。<br>通过互动环节，方法线索中增补了核心素养的培养契机，并强调核心素养也可以成为方法线索的提炼视角 |
| 结构 | [对话依据] 结构，即课堂教学的基本框架。线索纵向推进，随线索不断展开的教学内容(探究点)形成课堂的纵向结构；围绕线索的教学内容(探究点)，展开探究过程则形成课堂的横向结构。①<br>结构主要是由问题和环节来支撑和体现的。问题分为核心问题和相关问题。② 教学环节分为自主—探究、引导—探究两种范式。③ |
| 问题 | [对话内容]<br>探究点（核心问题）　　相关问题　　针对相关问题的探究活动<br>线索<br>问题1：浓硫酸的颜色、状态、气味、密度是怎样的？<br>环节：问题—实物/录像—归纳（圈画）<br>问题2：为什么浓硫酸可以作干燥剂？（特性1）<br>浓硫酸的物理性质　环节：问题—互动—归纳（圈画）<br>问题3：什么是浓硫酸的脱水性？（特性2）<br>问题4：什么是浓硫酸的强氧化性？（特性3）<br>浓硫酸的化学性质　环节：问题—实验/录像—讨论/小结<br>纵向　　横向 |

① 毛东海.化学课堂有效教学的"线索"和"结构"[J].化学教育,2012(10):23-25.<br>② 毛东海.试论化学课堂中"有效问题"的设计[J].化学教育,2011(10):22-23.<br>③ 毛东海.试论化学课堂"有效教学"的"环节"与"方法"[J].化学教学,2012(1):7-9.

（续表）

| 六要素<br>策略系统 | 根据课堂教学或视频观摩分析、评价六要素策略的达成情况 |
|---|---|
| 环节 | 核心素养的培养契机:问题1及其教学环节中,蕴含"宏观辨识"核心素养的培养机会;问题3、问题4及其教学环节中,蕴含"证据推理与模型认知""科学探究与创新意识"核心素养的培养机会。<br>[对话组织与修正说明]<br>通过对话环节,问题1的教学环节由录像改为实物/录像(尊重事实);问题2、问题3、问题4后面备注了三大特性(凸显教学重点)。同时,肯定了教师的创意做法:将教材上物理性质过渡到三大特性的内容安排,调整为由物理性质过渡到化学性质,同时将吸水性纳入物理性质的教学范围(内容逻辑上也说得通)。另外,通过互动环节增补了核心素养的培养契机("证据推理、科学探究"在本课中表现突出) |
| 方法 | [对话依据] 这里的方法是指学习方法,而内容系统中的方法主要是指教学方法,两者既有区别,又有联系;有的教学方法,同时也是重要的学习方法。方法是一种自主学习的导向标识。提炼学习方法的角度有:研究方法、学习策略、行为模式和解题技巧等。①<br>[对话内容]<br>1."提出假设—实验验证—得出结论"的研究思路。可以在浓硫酸三大特性的探究过程中,逐步进行强化并总结成文字。(属于研究方法)<br>2."宏—微—符"相联系的学习策略。在浓硫酸脱水性、强氧化性的探究过程中,将宏观的实验现象与微观的原因分析相结合,并运用化学方程式进行表达、强化。(属于学习策略)<br>核心素养的培养契机:在"提出假设—实验验证—得出结论"的研究思路中,蕴含"证据推理与模型认知"核心素养的培养机会。<br>[对话组织与修正说明]<br>通过对话环节,指导了策略系统中的方法与内容系统中方法的区别,并将原来突出方法内容的文字(探究性实验方法、"宏观、微观"相联系的教学手段)分别调整为学习方法的总结性文字(三步骤研究思路的总结、"宏—微—符"相结合的学习策略),凸显自主学习的导向标识。通过互动环节,强化了核心素养的培养内容 |

---

① 毛东海.试论化学课堂"有效教学"的"环节"与"方法"[J].化学教学,2012(1):7-9.

（续表）

| 六要素策略系统 | 根据课堂教学或视频观摩分析、评价六要素策略的达成情况 |
| --- | --- |
| 设计策略系统的做法 | ［对话依据］教育经验移植中教学实践知识的特殊性与工作策略。①<br>［对话内容］<br>从六要素的经验学习中讨论、梳理出个性化的教学实践知识。例如，根据内容系统并基于学情，选择核心素养的培养重点，凝练成三维教学目标；从知识内容、教学环节、人文素材角度入手，提炼不同类型的教学线索等。<br>［对话组织与修正说明］<br>通过对话环节，确认设计策略系统的个性化做法，并在文字表达上进行指导和修正，初步形成教学实践知识。通过互动环节，完善设计核心素养培养契机的实践思路 |

### 三、进一步优化对话机制的实施，提升教育经验移植的成效

优化对话机制、提升教育经验移植的成效是一项长期的、艰苦的工作。这项工作的重点是优化对话内容和对话方式。下面是我们的努力方向和工作展望。

第一，建立更为合理的对话内容及其形式。笔者以表格的形式固定对话内容，并参照表中的内容要求实施对话过程。这样的内容形式有它的优点（呈现的教育经验内容比较完整），但也有缺点（完成它需要花费较多的时间和精力）。其他的内容形式还有很多，如流程图、树状图、圆圈图等。到底怎样的内容形式更为合理，既能承载教育经验的内涵，促进人的思维活动，又能节约准备和对话的时间，提高对话交流的效果，有待进一步探索。

第二，发挥对话方式的先导、推动作用。对话机制的工作目标是促进经验融合系统的高效运作、和谐发展。优化对话方式不仅要体现在对话本身的功能发挥上（即思想交流的本体功能上），更要体现在与对话机制的工作目标紧密地结合起来。合理的对话方式可以尽早发挥其先导、推动作用，促进经验融合系统的建构和发展。例如，尽早研发校本课程，不仅可以建立对话活动的参照文本，优化对话方式本身，而且可以推动经验沉淀运作环节的尽早启动和运作实施。再

---

① 陈向明.对教师实践性知识构成要素的探讨[J].教育研究，2019(10)：66-73.

如,尽早开展课例研究,同样可以起到深化对话体验和推动自主运用运行环节互动发展的双重效果。

第三,培养教师自主对话的行为自觉性。在教育经验的移植研究中,人是根本因素,是整个研究工作的力量源头,离开人的精神追求和行为实践,再大的外力推动也是徒劳的。为此,在对话机制的研究中,必须重视培养教师的行为自觉性。可以从两个方面进行强化:一是外力推动,加强管理。具体可从加强课前指导性对话、课后评价性对话抓起,培养教师在个体备课中进行自主对话的意识、习惯和能力。二是树立理想,自主发展。塑造榜样的力量,营造和谐的环境,创造有利条件,激励教师尽早树立专业理想和奋斗目标,自主发展,早日成为具有扎实学识的优秀的化学教师。

总之,对话机制是推动化学课堂"有效共识"移植研究的一项重要工作。对话机制需要主体平等、互相尊重、共享智慧,对话活动的本质是推动大家对教育经验的准确理解和自主应用,并最终发展、形成个性化的教学实践知识。

# 成果五 "优质教育经验"异地移植之 教学实践知识研究[①]

认识教学实践知识的内涵、功能和构成要素,剖析教育经验移植中教学实践知识生成的特殊性;以"盐类水解平衡的移动"为例,探讨循证教学教育经验转化为教学实践知识的工作策略。

教育经验移植是要实现供体和受体的融合,并在实质意义上生成和输出个体知识,即教学实践知识。教学实践知识的形成是教育经验移植成功的标志。[②] 实践表明,教学实践知识是教师专业发展的主要知识基础,在教师的工作中有不可替代的作用。它具有强大的价值导向和行为规范功能,甚至决定教师的日常教育教学行为。[③] 下面以循证教学教育经验[④]转化为教学实践知识为例,探讨教育经验移植中发展教学实践知识的工作策略。

## 一、教学实践知识的内涵、功能和构成要素

教师实践知识是教师对自己的教育教学经验进行反思和提炼后形成的,并通过自己的行动做出来的对教育教学的认识。教学实践知识具有一般性指导作

---

① 毛东海.教学实践知识的特殊性与工作策略研究——以"循证教学"的移植转化为例[J].中学化学教学参考,2021(4):15-18.

② 刘澍,杨娟.经验移植:教学实践性知识生成过程中的意向性觉知——以基础课教学为观察对象[J].中国高教研究,2013(4):107-109.

③ 陈向明.实践性知识:教师专业发展的知识基础[J].北京大学教育评论,2003(1):105-112.

④ 毛东海,李婉.开展"循证教学"研究,培养"循证思维"能力[J].中学化学教学参考,2019(10):8-12.

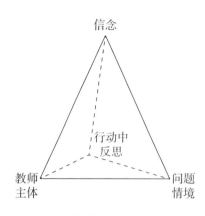

**图 22　教学实践知识的构成**

用的价值取向,并实际指导自己的惯例性教育教学行为。教学实践知识具备四个要素(其结构关系见图 22)。① 主体:实践知识的拥有者——教师;②问题情境:教师必须面临一个令其困惑、有待解决的问题;③行动中反思:教师必须采取行动来解决这个问题,并对教师今后的教育教学具有连续性指导意义;④信念:教学实践知识可以被提升为一种信念,通过教师的后续行动被验证为"真"(可以视情况而调整),并指导教师的后续行动。①

虽然不同的文献在语词上有差异,但是对信念的内涵表达趋于一致,都承认信念是关于某些命题的主观看法,并且这种看法是确信为真的先验性假定,带有一种情感的内心体验,具有引导思想和行为的功能,从而使主体对从事与客体相关的活动时具有方向性、坚定性和原则性。②

下面是日常工作状态下形成教学实践知识的一个案例(案例 1)。小张教师在 A 班上"金属钠"一课时,钠和水的反应等化学实验均采用动画模拟的手段进行教学,发现大部分学生注意力不集中,有的还在睡觉。课后他很郁闷,同伴提醒他,动画是虚拟证据,学生可能不感兴趣,建议他采用录像或当堂演示实验。由于时间紧迫,在 B 班上课时,小张老师采用网上下载的实验录像进行教学,发现大部分学生在认真听讲,但仍有小部分学生注意力不集中,有的还在议论:"实验中的液体是不是水?""实验是不是很危险?""生成的气体真的是氢气吗?"……下课后,他请教笔者。笔者有点生气地说:"这些实验成功率都很高,也没有污染和安全隐患,你为什么不当堂做呢? 证据越真实,学生才会越信服你啊!"于是,小张老师在 C 班上课时,所有的化学实验均当堂演示,尽管多花了一些时间,但教室里充满了学生的欢呼声和鼓掌声。事后,他在教案札记中写道:真实的证据＋教学活动→培养兴趣。

① 陈向明.对教师实践性知识构成要素的探讨[J].教育研究,2019(10):66-73.
② 余婧.教师信念研究综述[J].继续教育研究,2013(1):94-97.

［分析］本案例中的行为主体是小张老师；令人困惑的问题情境是学生上课注意力不集中；教师多次采取行动解决问题，反思并形成了指导后续教学的认识（真实证据＋教学活动→培养兴趣）。这个认识就是教学实践知识，它将在后续的教学中进一步被验证、强化，并最终上升为教学信念。

## 二、教育经验移植中教学实践知识的特殊性及其意义

下面仍用案例的形式来探讨教育经验移植中形成的教学实践知识（案例2）。

在听了小张老师的三次课后，笔者对小张老师提出了循证教学的工作要求，并提供了学习资料。通过学习，小张老师理解了循证教学的内涵（基于经验和证据，寻找最佳教学方案的教学实践），并明确了两个工作关键：一是依托化学实验，充分准备循证教学的最佳证据；二是立足课堂实践，充分展开循证教学的探究活动。[①]

在资料学习的基础上，小张老师认真听笔者上课，感受循证教学的课堂要领；同时，他积极开展自主实践，体会循证教学的真实体验。两个月后，他以"盐类水解平衡的移动"开校内公开课，向笔者和同事汇报。

下面是小张老师参考了学习资料的课堂准备和教学片段。第一步，最佳方案讨论。教师提问："增加 $CH_3COONa$ 溶液的浓度，水解平衡向什么方向移动？如何证明？"经过激烈讨论和当场实验论证，大家得出最佳方案：先配制恰当的不同浓度的两种溶液，然后同时加热，再滴加酚酞试液进行颜色比较（注：实验证明，饱和 $CH_3COONa$ 溶液碱性依然很弱，不能使酚酞试液变红）。第二步，最佳方案演示。教师当堂配制 $CH_3COONa$ 溶液：半药匙固体，4 滴管蒸馏水；分装两支试管，一支加入约 1 药匙的 $CH_3COONa$ 固体，同时加热至沸腾；再各滴加半滴管的酚酞试液。现象：加固体的试管，溶液颜色变浅红色；另一支为无色。第三步，探究目标的回归。教师请学生小结：增大盐溶液的浓度，水解平衡向正方向移动。

不知不觉，下课铃响了，热烈的讨论仍然在教室里进行着。事后，他在教案

---

①   毛东海，李婉.开展"循证教学"研究，培养"循证思维"能力［J］.中学化学教学参考，2019(10)：8－12.

札记中写道:循证教学可以充分激发学生的探究欲望;循证教学＝教学经验＋最佳证据的探究实践。

[分析]本案例中的行为主体仍是小张老师;问题情境是小张老师曾经的教学经历(缺乏实验证据的课堂窘境);小张老师借鉴循证教学的教育经验解决问题,收获了成功和喜悦。教案札记是小张老师的教学体会,其中包含教学实践知识,它可以依托后续的实践检验、巩固强化,最终上升为信念。

根据教学实践知识的基本内涵,比较案例1、案例2,我们可以梳理出教育经验移植中教学实践知识的特殊性。

1.教育经验移植中的问题情境是一种近似的、虚拟的教学窘境

需要注意的是,这里的问题情境不是教学情境。教学情境是指在课堂教学中针对教学内容创设的促进学生学习活动的知识背景、问题景象或学习条件,目的是引起学生的有意注意,激发探究欲望。问题情境是指在课堂教学中教师组织的学习活动出现了思维障碍或其他不和谐的现象,从而影响课堂效益的一种教学窘境。案例1中的问题情境是学生的注意力不集中。其中,A班是最原始、最真实的问题情境,B班是部分修复后的问题情境。

案例2中的问题情境在哪里呢? 由于我们直接把教育经验付诸课堂实践,实际上是阻止了真实的、现场的问题情境的发生。对此,我们用两种途径来虚拟演绎这种情境:(1)经历回溯。如果教师在教学经历中有过类似的教学窘境,那么可以近似地认为其已经存在问题情境,运用教育经验正是在回应、解决经历中的问题情境。(2)师棋推演。[①] 假设这堂课所有的证据载体都是动画或录像,那么课堂效果会怎样呢? 不言而喻,效果肯定是大打折扣,甚至令人失望。因为这样的课已经失去或损耗了探究活动最本质的东西——真实性和客观性。仔细回味后,不难理解,实际上教育经验作用发挥的过程正是代替了低效课堂可能发生的过程。

2.教育经验移植中的行动中反思,精简并优化了实践探索的过程

案例1,经历了三次运用不同教学手段的实践探索,只有第三次的教学效果是令人满意的。从中可以看出,教学反思的针对性、实效性很大程度上受限于同

① 宁虹等.师棋推演:教育发生的模拟实现[J].教育研究,2017(8):127-136.

伴互助的资源质量,存在较大的不确定性。

案例2,直接运用教育经验付诸课堂教学,探索过程大大精简,课堂效益的损耗降到最低。教学反思直接聚焦教育经验的内涵和付诸课堂的效果,其针对性和实效性均得到了基本的保障。

3. 教育经验移植中形成的教学信念,总体上合理性好,信奉度高

案例1中的教学实践知识(真实证据＋教学活动→培养兴趣),是三次教学反思形成的结果。因为存在不确定性,教师对它的情感接纳和后续运用在强度和频度上可能会被弱化,从而影响其上升为信念。

案例2中的教学实践知识(循证教学＝教学经验＋最佳证据的探究实践),其合理性主要决定于教育经验的质量。由于教育经验一般来自文献资料或专业期刊的观点,其观点的科学性、合理性是有一定保障的。同时,公开课等课堂实践的成功会进一步激发教师对它的信奉和依赖。这样的教学实践知识上升为信念只是一个时间问题。

综上所述,在教育经验移植中教学实践知识的特殊性,对促进教师发展具有以下重要意义。其一,提升课堂的有效性。具体表现为:阻止低效课堂的发生,优化教学过程,提升课堂效益。第二,提速教师的专业发展。具体表现为:帮助教师在较短时间内认识、形成一定的教学实践知识,提升教学能力和专业自信。

## 三、教育经验转化为教学实践知识的工作策略

下面以案例2中"盐类水解平衡的移动"一课为例,总结循证教学教育经验转化为教学实践知识的工作策略。

1. 备课活动:从内涵认知层面建立教学实践知识的内容依据

内涵认知是指经验学习者对教育经验的内涵要有清晰的理解和认识;备课活动是获得内涵认知的重要教研方式。水解平衡移动的规律包括三个条件的影响:(1)温度;(2)盐溶液的浓度;(3)盐溶液的酸碱性。小张老师均利用课外时间,精心准备,既了解了循证教学的特点,体验了循证学习的过程,又获得了循证教学的最佳方案和实验证据,这样就为教学实践知识的内容生成建立了依据。例如,在探究温度的影响时,三组实验都可以获得证据:(1)在2支试

管中各加 2 mL 0.5 mol/L 的 $CH_3COONa$ 溶液、1 滴酚酞试液。加热其中的一支试管,溶液变为浅红色;另一支溶液为无色(缺点:对比实验现象不明显)。(2)在 2 支试管中各加 2 mL $FeCl_3$ 饱和溶液。加热其中的一支试管,溶液颜色变深(缺点:$FeCl_3$ 饱和溶液颜色已经很深,加热后颜色变深,对比实验现象不明显)。(3)在 2 支试管中各加 2 mL $FeCl_3$ 饱和溶液、1 mL 蒸馏水。加热其中的一支试管,颜色变深(优点:由于对 $FeCl_3$ 饱和溶液进行了稀释,加热后颜色变深,对比实验现象非常明显)。最后,通过比较得出(3)是最佳方案和最佳证据。

2. 听课评课:从要领感知层面学习教学实践知识的生成样本

要领感知是指经验学习者对教育经验转化为课堂实践所采用的教学策略、教学方法和技术(即操作要领)要有直观的、生动的感受;听课评课是获得要领感知的重要教研方式。案例 2 中,小张老师多次听笔者的示范课和说课指导;另外,他通过研读学习资料,把握课上开展循证教学的实践要领。这些研究活动为教学实践知识的课堂生成提供了参照样本。

3. 自主课堂:从实践体验层面感受教学实践知识的形成过程

实践体验是指经验学习者亲临课堂实践,体会教育经验转化为课堂实践的过程;自主课堂是获得实践体验最重要的教研方式。案例 2 中,小张老师抓住了三个实践环节:第一,提出问题,讨论最佳方案。第二,实施方案,确立最佳证据。第三,演绎推理,回归探究目标。由于实践要领把握得当,教学实践知识的体验生成达到了预期目标。

4. 教案札记:从经验沉淀层面生成教学实践知识的表征载体

经验沉淀是指经验学习者将教育经验的内涵、学习结果以一定的载体形式固定下来,如校本课程、图表图示、课堂实录、教案札记等。案例 2 中,小张老师的札记内容"循证教学＝教学经验＋最佳证据的探究实践",实际上为教学实践知识的内容固定建立了表征符号和载体形式。

5. 课例研究:从自主运用层面推动教学实践知识的信念生成

自主运用是指经验学习者结合当前的教学实际,对教育经验的学习借鉴提出自己的理解,遴选教学主题或单元开展教学研究,或教师根据自己的教学特长、工作需要,开展课例研究或课题研究,形成一定的成果。案例 2 中,小张老师体验了一次完整的课例研究。尽管这是一次验证性的、创意不够的课例研究,但毫无疑问,它对验证教学实践知识的实践效果并在促其提升为信念的过程中起到显著作用。

在上述工作策略中,小张老师重点抓住 3～5 个工作策略,积极推动教学实践知识的高质量生成。自主课堂,重点抓好课前对循证案例的学习和循证实验的体验、准备。教案札记,重点抓好札记的习惯养成和针对教学实践知识的要领记录。课例研究,重点抓好教学实践知识的效果检验和信念锤炼。

## 四、教育经验移植工作策略与发展教学实践知识之间的关系模型

前文已述,教育经验转化为教学实践知识有五条工作策略,而教学实践知识有四个基本要素(主体、问题情境、行动中反思、信念)。用建构模型的方式进一步厘清它们之间的作用关系,不仅有助于深化对双方概念的认识,而且更重要的是有助于推动对教育经验移植工作策略的完善。

五条工作策略,一般先从内涵认识开始,循序渐进,逐步发展到自主运用;然后,循环往复、持续深化,直至掌握教育经验。这样的运作过程,充分融合、体现教学实践知识的关键要素和生成过程。第一,运行机制的实施主体是教师,全程参与实践过程。第二,问题情景是教师在教学工作中碰到的课堂效益不高甚至失败的教学窘境,是近似、虚拟的问题情境。第三,行动阶段是内涵认知、要领感知、实践体验环节(其中前两个环节是行动准备,第三个环节是实施行动);反思阶段主要是经验沉淀环节。第四,信念主要在自主运用环节中形成和发展。由此可见,五条工作策略与发展教学实践知识之间的作用关系如图 23 所示。①

① 毛东海.化学课堂"有效共识"异地移植的实践探索——教育经验异地移植的运行机制与工作策略研究[J].化学教学,2020(11):33-40.

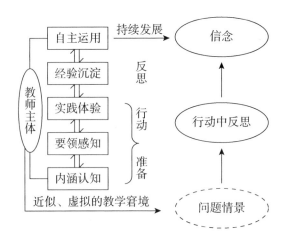

**图 23    工作策略与教学实践知识之间的作用关系**

总之,教学实践知识的生成是教育经验移植成功的关键和标志。要做到这一点,依托科学的理论是基础,寻找案例的突破和认识的提升是关键。在此基础上,我们有信心进行研究工作的系统布局和有序推进,最终实现"优质教育经验"的系统化移植和高质量传播。

# 成果六 "优质教育经验"异地移植之教研活动研究

介绍了基于教育经验移植的备课组教研模式的功能、结构和操作流程;对该模式中的集体备课教研方式提出了进一步思考;以化学课堂"有效共识"教育经验为载体,以"氯气"一课为素材,介绍了集体备课的实施过程和管理策略。

## 一、基于教育经验移植的集体备课教研活动

校本教研是教师专业发展的有效途径,也是教育经验分享、传播的技术和手段。[1] 本文拟围绕集体备课展开探索,在教育经验转化为课堂实践的中间环节、关键环节,寻求技术突破,提高转化效率,推动研究工作的深入发展。

为了推动"有效共识"的移植研究,我们建立了教育经验移植的融合机制(包括内涵认知、要领感知、实践体验、经验沉淀、自主运用等五个运行环节),探寻了教研活动、集体备课、自主课堂、听课评课、教案札记、研发课程、课例研究、项目研究、课题研究、质的研究、对话交流、录像微课等十二种常见的教研方式,初步构建了促进经验移植的三种不同教研功能的教研模式(个人教研模式、备课组教研模式、教研组教研模式)。其中,集体备课是备课组教研模式的第一个实践环节,也是关键环节(见图24、图25)。[2]

---

[1]　孟霞光.校本教研:教师专业发展的有效途径[D].济南:山东师范大学,2005:14 - 37.

[2]　毛东海.化学课堂"有效共识"异地移植的实践探索——教育经验异地移植的运行机制与工作策略研究[J].化学教学,2020(11):33 - 40.

## 模式二 凸显备课组课程研发功能的教研模式

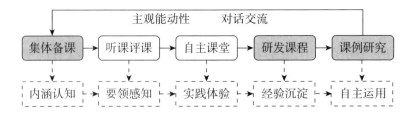

**图 24 备课组教研模式的实践环节、目的指向和操作流程**

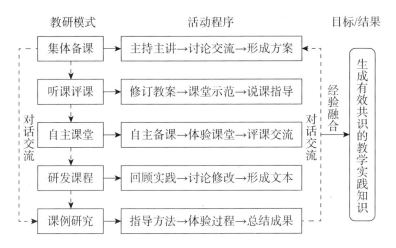

**图 25 备课组教研模式对化学课堂"有效共识"的移植过程**

### (一) 集体备课的内涵及其在备课组教研模式中的地位、作用

下面围绕集体备课的内涵、地位、作用等问题进行探讨。

1. 集体备课的内涵、意义、原则和一般流程

集体备课是指多位教师(一般是同学科)一起研讨,为教学做准备,是一种强调教师之间通过共同协商对课堂教学的相关问题进行研究,以解决问题,促进教学进步和教师专业发展,并最终促进教学质量提升的校本教研活动。①

集体备课需要遵守以下原则:(1)全员参与原则。备课活动要求全员参与。(2)平等尊重原则。成员之间人格平等、真诚友善、合作交流。(3)目标定向原

---

① 李想.初中英语教师集体备课实践研究——以 G 中学为例[D].成都:四川师范大学,2021.

则。备课活动要有明确的目标和内容。(4)过程有序原则。整个过程要有准备、讨论、定案、反思等过程性活动。(5)注重实效原则。要从实际出发,讲究实效,促进教学水平的提高。(6)整体发展原则。备课活动要眼光长远,关注学科的整体联系和持续发展。[①]

在操作流程上,集体备课主要包括准备活动、集中活动、教后活动。准备活动主要是制订计划、组内分工;集中活动主要是围绕备课主题说、听、思、研、记,形成共享资源;教后活动主要是结合备课中形成的共享资源和教学实际,对自己的教学进行反思、调整和优化,为后续教学进一步做好准备。

2. 集体备课在备课组教研模式中的地位、作用

从图 24、图 25 看出,备课组教研模式凸显备课组的课程研发功能。通过备课活动,一方面将教育经验及时融入当前的课堂实践中,提高课堂教学的效果;另一方面,从经验接收方的教学实际出发,研发校本课程,沉淀、发展教育经验。

集体备课是备课组教研模式的第一个实践环节,也是整个模式中最关键的环节。其工作效益不仅影响教研模式系统功能的发挥,而且决定经验移植研究的工作效益甚至成败。其重要作用具体可体现在以下三个方面。

(1) 集体备课是吸纳教育经验的最佳平台

经验融合机制中的第一个运行环节是内涵认知。也就是说,作为经验接受方,首先要认识、理解教育经验的内涵,才有可能进入后续的研究环节。要做到这一点,不仅需要经验输出方的参与、指导,更需要经验接收方的接纳、支持,这是一个需要双方参与、配合和互动发展的过程。从前述的十二种教研方式来看,集体备课(即备课活动)是匹配性最好的教研方式之一(见图 11)。因为集体备课一般是同学科、同年级教师的课前准备和共同协商,这有利于开展教育经验的集体学习和互动交流。另外,全员参与原则可以赋予双方传播、发展教育经验的主

---

① 刘付珍.单元核心课集体备课模式的个案研究——以青大附中为例[D].青岛:青岛大学,2011.

体性、全员性责任;目标定向原则可以明确双方依托教育经验提升工作效益的共同愿景和目标。

(2) 集体备课是融入教育经验的重要时机

集体备课不仅要备教学内容,更要备教学方法。从教育经验移植角度来说,这里的教学方法是指融入教育经验后的教学策略、手段或技术。也就是说,要将教育经验融入课堂教学的具体方案和操作程序中,形成可以参照的教学文本——教案。集体备课是实现这种功能的重要时机,其过程有序原则强调双方组织主题研究活动的有序性、互动性和反思性要求,其注重实效原则可以体现双方探索教育经验转化为课堂实践的可行性、效益性和发展性。

(3) 集体备课是发展教育经验的关键环节

集体备课的另一个重要任务是集思广益,研发校本课程,并形成备课组、教研组开展课堂实践的参考文本。从教育经验移植角度来看,就是根据本校的教学实际,将经验输出方的校本课程进行修改、完善,再次形成校本化系列课程。这项工作既是对教育经验的恰当性继承,又是对教育经验的创造性发展,是沉淀、发展教育经验的关键环节。集体备课可以实现这样的功能和要求,其整体发展原则可以聚焦教育经验的移植转化,推动学科建设的特色发展、长远发展和可持续发展。

### (二) 提升备课组集体备课成效的几点思考

1. 建立高效的对话机制是提升效益的关键

对话是分享教育经验的主要途径。[①] 在教育经验移植过程中,教研方式需要依托对话互动才能对经验融合机制发挥作用(参见图19、图20)。[②]

为了推动"有效共识"的移植研究,我们构建了校本教研的对话机制:对话主体(组织者、参与者)在一定的时空环境中,依托一定的教研方式,利用准备

---

① 吴刚平.教育经验的意义及其表达与分享[J].全球教育展望,2004(8):45-49.

② 毛东海.化学课堂"有效共识"异地移植的实践探索——教育经验异地移植的运行机制与工作策略研究[J].化学教学,2020(11):33-40.

的课堂素材,根据一定的对话主题,围绕教育经验的核心内容,以平等对话的氛围和有效的对话方式开展的思想交流活动(见图26)①,其中对话主题、对话内容、对话方式是推动教育经验分享、传播最为关键的三要素。平等对话是前提,对话素材是载体。实践证明,这样的对话机制有力地推动了"有效共识"的移植研究。

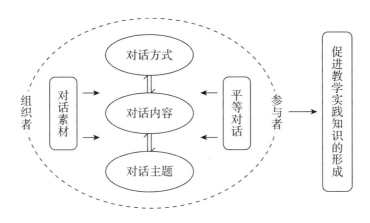

**图26 基于教育经验移植的对话机制示意图**

2. 监控和管理好对话过程是提升效益的保障

集体备课的程序是:主持主讲—讨论交流—形成方案(见图25)。其中,讨论交流是最重要的环节,其本质是互动对话。为了提高对话过程的成效,需要进行以下活动管理。

(1)管理好对话方向:对话素材—对话经验—对话课堂

基于教育经验移植的集体备课有两个对话目的:其一,合理融入教育经验;其二,指导预设课堂实践。为此,对话的对象、程序和要求设计如下:第一步,对话教学素材,即观察教学素材中融入"有效共识"的机会;第二步,对话教育经验,即思考教学素材中融入"有效共识"的观点和理由;第三步,对话课堂实践,即研究形成基于"有效共识"的教学设计方案。

---

① 毛东海.教育经验异地移植中"对话机制"的构建与实施——以化学课堂"有效共识"移植研究的"对话"实践为例[J].化学教学,2022(3):25-30.

（2）管理好对话内容：四层级内容系统、六要素策略系统

对话内容重点聚焦"有效共识"的主张：四层级内容系统、六要素策略系统。同时，对话内容要和教案栏目及其要求对应起来。例如，教学目标是如何体现"有效共识"的观点的；教学过程是如何体现针对性素材和教学策略的……同时，对话内容也要突出重点，抓住关键，要考虑教育经验的重点运用及其对整堂课教学效益的影响。

（3）管理好对话环节：解说环节、互动环节和小结环节

第一，解说环节。研究人员根据教案的栏目和课程的素材，解说"有效共识"的融入契机及其原因。第二，互动环节。其他教师针对"有效共识"中的内容，提问研究人员；研究人员认真倾听，即时释疑，引导对话深入。第三，小结环节。研究人员点评大家的发言，并将对话结果落实到教案的修改中。

### （三）基于教育经验移植的"集体备课"的案例研究

下面以"氯气"一课的教学素材为例[①]，介绍备课组"集体备课"的准备工作、对话过程和管理的策略。

1. "氯气"的教学目标和课堂结构[②]

（1）知识与技能

知道氯气的物理性质；理解氯气与铁、氢气、水、氢氧化钠的反应。●宏观辨识与微观探析

（2）过程与方法

通过氯气化学性质的探究活动，认识"提出假设—实验论证—得出结论"的研究思路和思维模型。●证据推理与模型认知

（3）情感态度与价值观

通过对氯气用途的了解，感悟化学对人类作出的贡献；同时，确立化学是一把"双刃剑"的辩证认识。●科学态度与社会责任

---

① 姚子鹏.化学(高中一年级第一学期)[M].上海：上海科学技术出版社，2007：31-33.
② 毛东海.运用"有效共识"培养化学学科核心素养[J].化学教学，2018(8)：39-44.

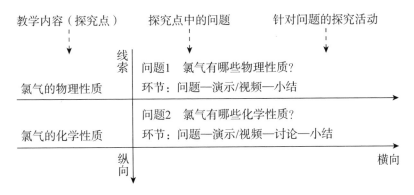

**图 27 "氯气"一课的课堂结构示意图**

2."集体备课"的组织和实施

准备"氯气"一课经验输出方的教案资料;备课时间:周二 13:00～14:00;备课主题:如何将"有效共识"融入当前的教学方案中;提前一周下发活动通知,教案资料人手一份(或电子教案)。然后,由研究人员组织、主持备课活动。

(1)"集体备课"的第一个环节:主持主讲——诠释、指导教育经验

研究人员:老师们,今天讨论如何运用教育经验(有效共识)来备"氯气"这堂课。工作目标是形成基于"有效共识"的氯气一课的教学初案,为老师们后续的自主备课、精细化备课奠定基础。工作内容有:第一,梳理四层级内容系统;第二,建立六要素策略系统;第三,形成教案的初稿。

(2)"集体备课"的第二个环节:讨论交流——运用、融入教育经验

(以"氯气的化学性质"为例)

研究人员:下面我们讨论如何运用教育经验(有效共识)来形成"氯气的化学性质"的初案。

第一步,对话教学素材:教学素材的教学功能和使用方式。

① 解说环节——明确教学功能

研究人员:老师们,这是"氯气化学性质"的教学素材:[实验 3]铁在氯气中燃烧;[实验 4]氢气在氯气中燃烧;[实验 5]氯气跟氢氧化钠溶液反应;[实验 6]氯气跟水的反应和漂白作用。显而易见,这些素材都是为了探究氯气的化学性质,上述实验依次对应氯气与金属反应、氯气与非金属反应、氯气与碱反应、氯气与水反应的化学性质。

② 互动环节——讨论使用方式

研究人员:怎样使用这些教学素材才能达到最佳的教学效果?下面,我们结合教育经验(有效共识)来进行讨论。

教师甲:以往我们都采用视频实验,既省时省力,又使用方便,我还是主张全部用实验视频。

教师乙:实验视频使用起来方便,但毕竟不是现场实验,缺少真实性。如果全部使用视频实验,与培养核心素养的要求不吻合。

教师丙:以前我们都是视频,效果还可以的;如果现在改为现场实验,可能会带来安全、环保等一系列问题。这要慎重,当然我们可以作一些可行性探索。

研究人员:化学是一门以实验为基础的科学,化学实验既是一个重要的教学素材,又是一个重要的教学方式。实验素材的使用原则主要有两条:一是解决化学问题;二是实现育人价值。

③ 小结环节——明确使用策略

根据大家的讨论,笔者建议将"铁、氢气在氯气中燃烧"的实验改为自拍视频实验(现场实验时氯气外逸严重,且氢气燃烧的现象不清晰),这样基本上保证了实验的真实性,同时又避免了环境污染和健康危害。同时,将氯气的漂白性实验、氯气与氢氧化钠溶液反应的实验分别修改为两组对比实验,强化实验现象和对比研究的方法教育。

第二步,对话教育经验:"有效共识"的借鉴内容及其价值。

① 解说环节:"有效共识"的借鉴内容

研究人员:下面我们梳理一下,可以借助"有效共识"的哪些观点来处理上述素材,以提升素材的育人价值?

第一,内容系统。内容系统包括四个层级,本素材首先要服务于知识内容(氯气的化学性质);同时,可以挖掘方法内容(实验探究法、"宏—微—符"方法)、观念内容(微粒观、结构观、实验观、变化观)、文化内容(科学精神)。

第二,策略系统。策略系统包括六个要素(见图6)。在本素材的应用中可以提炼方法线索(提出假设—实验论证—得出结论),可以设计引导—探究的教学环节:问题—演示实验—讨论—小结;可以设计一个核心问题(氯气有哪些化学性质),四个相关问题(氯气跟金属、非金属、碱、水分别发生怎样的反应)。本素材的教学过程中蕴含整堂课的教学结构(见图 27),另外可凸显对比研究的教学方法(学习方法)。

第三,核心素养。本素材可以重点落实"证据推理与模型认知"的核心素养,同时兼顾"宏观辨识与微观探析、科学态度与社会责任"等核心素养的培养。

② 互动环节:"有效共识"的借鉴价值

教师甲:本素材为什么要挖掘上述内容系统? 有什么教育价值?①②

研究人员:内容系统中,知识内容是基础和前提,是最重要的内容要素。如果四层级内容,互动发展、自下而上形成从"知识育人"到"文化育人"的生长态势,那么教学素材的使用价值和育人价值就会达到最佳。

为了提高知识内容的教学效果,需要挖掘方法内容,其中实验探究法突出"提出假设—实验论证—得出结论"的研究思路,可以夯实知识内容的教学过程;其中"宏—微—符"方法的三重表征功能,可以加深学生对本体知识的理解。如果立足氯原子的结构探究氯气的化学性质,就可以顺势强化结构观、微粒观的学科观念;如果通过实验证据探究氯气的化学性质,则强化了实验观、变化观的学科观念,同时渗透了科学精神的文化内容教育。

教师乙:本素材为什么要挖掘上述策略要素,有什么教育意义?③④⑤

研究人员:六要素策略系统是课堂实施的指南针和监控图。目标是对课堂进行方向定位和过程引导,由四层级内容系统凝练而成[参见"(三)1.'氯气'的教学目标和课堂结构"]。线索可以起到统领整课、启动活动、流畅过程的功能,提炼方法线索(提出假设—实验论证—分析结论),既有利于强化整堂课的实验探究,又有利于揭示探究思维的本质。设计教学环节的目的是促进教学过程的简约与高效,同时不失科学与合理,因为是新授课,需要凸显教师的主导作用,因此

① 毛东海.统筹知识、方法和观念三层面教学内容的教学设计[J].化学教学,2016(3):49-53.

② 毛东海.中学化学关于"文化内容"的思考、挖掘和课堂实践[J].化学教学,2017(1):25-29.

③ 毛东海、陆惠莲.基于化学课堂"有效共识"的教学策略系统建构及其功能探讨[J].化学教育,2014(11):46-49.

④ 毛东海.化学课堂有效教学的"线索"和"结构"[J].化学教育,2012(10):23-25.

⑤ 毛东海.试论化学课堂中"有效问题"的设计[J].化学教育,2011(10):22-23.

设计引导—探究教学环节是比较合理的,具体的教学细节(问题—演示/视频—讨论—小结)反映了探究活动必要的过程。建立蕴含问题、环节的课堂结构,旨在优化整堂课的资源布局和过程管理,其中核心问题强化了纵向推进的探究活动,相关问题细化了横向拓展的探究活动。彰显对比研究的实验设计,在增强实验探究效果的同时,创造方法教育的契机(见图27)。

教师丙:核心素养和"有效共识"是什么关系? 如何确立培养的重点?①

研究人员:"有效共识"中蕴含核心素养的培养内容。例如,元素观、微粒观等观念内容可以渗透"宏观辨识与微观探析"的核心素养,变化观、平衡观等观念内容可以渗透"变化观念与平衡思想"的核心素养;科学精神与人文精神、资源意识与环保观念等文化内容可以培养"科学探究与创新意识""科学态度与社会责任"的核心素养;在教学目标的凝练和描述中可以融入核心素养的培养重点,教学环节的设计中一方面寻求课堂问题的解决,另一方面助推核心素养的落实。根据核心素养与教学素材的匹配度判断和频度分析,确立核心素养的培养重点。本素材重点落实"证据推理与模型认知"核心素养,同时可以培养"宏观辨识与微观探析、科学态度与社会责任"等核心素养。

③ 小结环节:"有效共识"的创新发展

"有效共识"的学习、借鉴,不是照搬照抄,不是照本宣科,而是鼓励大家根据本校的实际情况和个性特长进行创新发展。"有效共识"移植研究的本质是校本经验的再度创造。

第三步,对话课堂实践:"有效共识"的设计痕迹和落实时机②。

① 解说环节:教学设计要融入"有效共识"的内涵

研究人员:基于"有效共识"的教学设计,需要遵循三条原则。第一,规范性原则。一是教学设计的过程要规范,要根据教学设计的基本要素展开。它一般包括学习需要分析、学习内容分析、学习者分析、教学目标阐明、教学策略制订、教学媒体运用等要素。二是教学设计的成果要规范,即教学设计形成的教案,要体现一般的栏目、格式要求,文字表述要规范,语句要通顺,学术用语要严谨。第

① 毛东海.运用"有效共识"培养化学学科核心素养[J].化学教学,2018(8):39-44.
② 毛东海.基于化学课堂"有效共识"的教学设计[J].化学教学,2012(10):6-9.

二,表现性原则。教学设计要清晰体现"有效共识"的内涵,强化"有效共识"呈现的机会、形式及效果,让"有效共识"充分融入教学设计的栏目及过程中。第三,操作性原则。教学设计所表现的"有效共识"的内涵及形式,要方便教师理解和自我提醒,便于教师在课堂上进行操作和实施监控。

② 互动环节:教学设计要建立"有效共识"的标识

教师甲:内容系统如何体现在教案中?

研究人员:首先,要把内容系统凝练到教学目标中(参见本案例"教学目标")。知识内容凝练到知识与技能目标中;方法内容、部分观念内容一般凝练到过程与方法目标中;文化内容、部分观念内容一般凝练到情感态度与价值观目标中。其次,将内容系统精炼后融入教学过程中。知识内容一般以板书形式呈现,有时会用颜色字体进行标注。重要的方法内容一般用体现方法的名词及符号进行强化,如"干燥的氯气中,分别放入干燥的色布和湿润的色布"。这样的教案文本,强化的是【对比研究】的方法内容。观念内容、文化内容一般用精炼的文本进行彰显,同时用〈〉『』符号进行强化,如"氯气可以消毒杀菌,服务于人类,也可以作为杀人武器,危害人类"。这样的教案文本,彰显的是『事物两面性』的文化内容。

教师乙:策略系统如何体现在教案中?

研究人员:教学目标是根据内容系统凝练而成的,同时又成为策略系统的第一个关键要素,引导后续的教学设计和课堂实践(参见本案例的教学目标)。

教学线索分为知识线索、方法线索和思想线索,前两者居多。知识线索对应知识内容,一般将探究点以并列或递进关系的课堂板书进行表达和呈现,如本课中的一级板书:一、氯气的物理性质;二、氯气的化学性质;三、氯气的用途。方法线索主要对应方法内容,一般窥见于全程性探究思路或活动程序,如本课中"提出假设—实验论证—得出结论"的方法线索。

一般从探究点中设计核心问题,形成课堂的纵向结构;从核心问题中设计相关问题,形成课堂的横向结构。核心问题、相关问题的痕迹,一般可从板书的条目级别中看出,一级条目(一、二、三、)是核心问题,二级条目(1.2.3.)是相关问题。横向结构具体由教学环节来组成和体现,其中新授课一般采用引导—探究教学范式,复习课一般采用自主—探究教学范式。"氯气"是新授课,采用前者。

教学环节在教案中以[行为动词]体现和连接。例如,[问题]、[演示]、[讨论]等。课堂结构作为一个单独栏目呈现在教案中(参见图 27)。

学习方法分为研究方法、学科思想、学习策略、行为模式、解题技巧等。本课中的对比研究是一种研究方法(对教师而言,属于教学方法,归为方法内容;对学生会而言,属于学习方法),"结构决定性质、性质反映结构"就是学科思想。重要的学习方法在教案中一般用【方法名词】进行强调、单列。

教师丙:"核心素养"如何体现在教案中?

研究人员:在教学目标的描述中融入重点维度,同时提醒标注(参见本案例的教学目标)。另外,在教学过程中进行标注、提醒。

③ 小结环节:课堂落实要强化"有效共识"的提醒

设计得再好的教学方案,如果课堂上没有落实,则全部是空谈。为此,课上落实时机的自我提醒是非常重要的。具体方法是:在教案、PPT 上做自我提醒的标识。例如,方法内容用"【】"符号表示,文化内容用"『』"符号表示,观念内容用"{}"表示,核心素养用"●"表示等(参见本案例中的教案片段)。

(3) 集体备课的第三个环节:形成初案——沉淀、发展教育经验

集体备课中,一方面通过全体讨论,完善教学设计;另一方面形成教案文本,沉淀教育经验。这样做的目的,一是为教师的自主备课、专业发展提供重要的文本基础;二是为受援学校校本课程的研发、教育经验的创新发展积累重要的管理资料。下面是"氯气"教学过程中的教案片段:

六、教学过程

【联系生活】『事物的两面性/人文精神』●科学态度与社会责任

[引言]氯气可以消毒杀菌,服务于人类,也可以作为杀人武器,危害人类。作为一个科技产品,谁来掌握和使用,将深刻影响人类的文明进步和发展。本堂课学习氯气。

二、化学性质●证据推理与模型认知{实验观}

[问题] 3. 氯气与水反应

【对比研究】干燥的氯气中,分别放入干燥的色布和湿润的色布。

$$Cl_2 + H_2O \rightleftharpoons HCl + HClO$$

次氯酸

［讨论］现象:氯气能使湿润的色布褪色。

［演示］盐酸不能使色布褪色。

［小结］结论:湿润的氯气(或 HClO)具有漂白作用。

总之,集体备课是备课组教研模式中的第一个实践环节,是教育经验转化为课堂实践的关键环节和技术纽带。其工作成效,不仅决定着备课组教研模式的功能发挥,而且在很大程度上决定着整个研究工作的成败。我们坚信,抓实"集体备课",优化对话机制,一定能推动教育经验移植研究新的突破与发展。

以"氯气"一课为素材,讨论了实施一次对话(即课后评价性对话)的不足;探析了实施两次对话(即课前指导性对话、课后评价性对话)的效益增值;最后,总结了两次对话对推动教师自主学习教育经验的意义和价值。

## 二、运用两次对话推动经验移植的自主备课

### (一) 一次对话的内涵与局限性讨论

对话机制建立初期,对话活动是在课堂教学完成后,由课题组来组织实施的。对话目的是对课堂教学的效果进行评价,称为课后评价性对话,亦称一次对话。下面以"有效共识"为经验载体、以"氯气"一课为教学素材[①],介绍实施一次对话的案例实践。(执教者:小张老师,入职第三年。)

1."氯气"的教学目标和课堂结构

(1) 知识与技能

知道氯气的物理性质;理解氯气与铁、氢气、水、氢氧化钠的反应。

(2) 过程与方法

通过氯气化学性质的探究活动,认识"提出假设—实验论证—得出结论"的研究思路和思维模型。

———————————

① 姚子鹏.化学(高中一年级第一学期)[M].上海:上海科学技术出版社,2007:31-33.

（3）情感态度与价值观

通过对氯气用途的了解,感悟化学对人类作出的贡献;同时,确立化学是一把"双刃剑"的辩证认识。

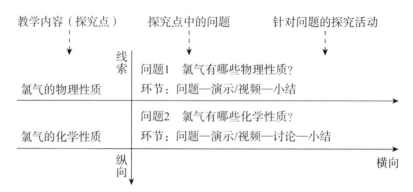

**图28  "氯气"一课的课堂结构示意图**

2. 一次对话的内容布局和对话过程①

限于篇幅,仅以"有效共识"之策略系统为经验载体,介绍一次对话的内容布局和对话过程(参见表8)。

**表8  "有效共识"之策略系统分析和评价表**

| 六要素 | 根据现场或视频观摩分析、评价六要素策略的达成情况 |
|---|---|
| 目标 | ［对话依据］根据四层级内容系统的设计要求,按照三个目标维度,凝练教学目标,力求做到文字简练,描述恰当,形成合力。<br>［对话内容］三维目标的设计和表达［参见(一)1."氯气"的教学目标和课堂结构］。<br>核心素养的培养契机:根据内容系统的频度分析和教学素材的匹配度,确立核心素养的培养重点(本课目标描述中蕴含"证据推理与模型认知、科学态度与社会责任"的核心素养)。<br>［对话组织与修正说明］依次展开执教者的说课环节、笔者与执教者的对话环节、团队成员之间的互动环节和最后的小结环节。 |

① 毛东海.教育经验异地移植中"对话机制"的构建与实施——以化学课堂"有效共识"移植研究的"对话"实践为例[J].化学教学,2022(3):25-30.

（续表）

| 六要素 | 根据现场或视频观摩分析、评价六要素策略的达成情况 |
|---|---|
| 线索 | ［对话依据］教学线索分为三种类型：内容线索、方法线索、思想线索。<br>［对话内容］三种线索的设计和表达（本课中突出"提出假设—实验论证—得出结论"的方法线索）。<br>核心素养的培养契机：确认教学线索中蕴含的核心素养的培养机会（证据推理与模型认知）。<br>［对话组织与修正说明］（同目标要素）。 |
| 结构<br><br>问题<br><br>环节 | ［对话依据］结构，即课堂教学的基本框架。线索纵向推进，随线索不断展开的教学内容（探究点）形成课堂的纵向结构；围绕线索上的教学内容（探究点），展开探究过程则形成课堂的横向结构。<br>结构主要由问题和环节来支撑和体现。问题分为核心问题和相关问题。教学环节分为自主—探究和引导—探究两种范式。<br>［对话内容］课堂结构（参见图28）。<br>核心素养的培养契机：确认课堂结构中蕴含的核心素养的培养机会（证据推理与模型认知、科学探究与创新意识）。<br>［对话组织与修正说明］（同目标要素）。 |
| 方法 | ［对话依据］这里的方法是指学习方法，而内容系统中的方法是指教学方法，两者既有区别，又有联系；有的教学方法，同时也是重要的学习方法。方法是一种自主学习的导向标识。提炼学习方法的角度有：研究方法、学习策略、行为模式和解题技巧等。<br>［对话内容］学习方法的设计和表达（本课中彰显对比研究、宏—微—符等学习方法）。<br>核心素养的培养契机：确认学习方法中蕴含的核心素养的培养机会（宏观辨识与微观探析、证据推理与模型认知）。<br>［对话组织与修正说明］（同目标要素）。 |
| 设计"策略系统"的做法 | ［对话依据］教育经验移植中教学实践知识的特殊性与工作策略。<br>［对话内容］从六要素的经验学习中讨论、梳理出个性化的教学实践知识（略）。<br>［对话组织与修正说明］（同目标要素）。 |

3. 实施一次对话的局限性讨论

一次对话对推动教育经验的移植实践起到了重要作用，但从其对话的时机、深度和节奏来看，一次对话明显存在不足。

（1）对话时机滞后于课堂实践，指导不够及时

由于对话机制是在课堂教学后实施的，因而无法体现出对当下课堂及时、针对的指导作用。本堂课中，小张老师全部采用实验视频探究氯气的化学性质（氯气与铁、氢气、水、氢氧化钠的反应），很明显这样的做法有些不妥，因为化学实验的证据效力大大被削弱。对话活动中，笔者指出了化学实验的重要性，探讨了现场实验和视频实验的证据效力差异，并建议将［实验5］（氯气与氢氧化钠反应）、［实验6］（氯气与水反应和漂白作用）改为演示实验。在后续教学中，小张老师进行了修正，但有的平行班这部分内容已上过。

（2）对话内容主要关注对教育经验的融入宽度

因为是课后评价性对话，对话内容主要关注对教育经验的体现程度（即融入宽度），而不是重点聚焦对教育经验运用的实际效果（即融入深度）。例如，针对小张老师全部采用实验视频的做法，大家没有提出异议，理由是：运用视频省时省力，效果也不错；而且视频归属于"有效共识"中的方法内容（实用方法）。又如，针对引言部分"氯气可以消毒杀菌，服务于人类，也可以作为杀人武器，危害人类……"，大家都充分肯定融入事物的两面性之文化内容的做法，而对进一步挖掘人文精神之文化内容（关注人的生存、尊严和发展），没有意识和想法。①

（3）对话频率不高，跟不上日常教学的节奏

由于对话活动主要针对预定的研究课展开，对话频率受到严重限制。研究初期，课题组每周安排两次研讨活动，每个教师约每两周轮到一次针对自己研究课的对话活动。后来，因为研讨活动过于频繁，常常与学校安排的活动发生冲突，我们把对话频率降到每周一次。由此可见，对话频率很难匹配日常教学的节奏，对话活动仅靠课题组来组织实施远远不够，且不现实。

## （二）实施两次对话的内涵与效益增值探析

针对一次对话（即课后评价性对话）出现的问题，笔者认为，有必要在课堂教学前增补一次自主对话活动，称为课前指导性对话。因为教师的自主对话是促

---

① 毛东海.中学化学关于"文化内容"的思考、挖掘和课堂实践［J］.化学教学，2017（1）：25-29.

使教师超越自己原有经验,从而在原有经验基础上生成具有普适性理论的关键。在具有专业发展自觉性后,教师与文本、与教育专家在对话中产生的意义等唯有通过教师与自己的对话才能被教师个体理解,从而在其生命中真正建构起更丰盈、更有意义的教育理论。[①] 这个教育理论实际上就是教学实践知识,而生成教学实践知识是教育经验移植成功的关键和标志。[②]

另外,研究中增设自主对话活动后,也就形成了课前重指导、课后重评价的两次对话的互动局面,这为推动"有效共识"的理解、运用和实践转化创造了极为有利的条件。

1. 两次对话与一次对话的形态差异

两次对话与一次对话实施形态的差异详见表9。

表9 两次对话与一次对话的实施形态差异

| 对话形态 | 时间安排 | 活动组织 | 对话目的 |
| --- | --- | --- | --- |
| 一次对话(课后评价性对话) | 课堂教学后组织对话 | 课题组组织,全体成员参与 | 评价、改进课堂教学的效果 |
| 两次对话(课前指导性对话;课后评价性对话) | 课堂教学前组织对话;课堂教学后组织对话 | 主要是本人开展自主对话;主要是课题组组织团队对话 | 指导、设计课堂教学的实践;评价、改进课堂教学的效果 |

从表9看出,两次对话强调教师对话的责任性、主体性和主动性,凸显教师个体备课活动中的自主对话功能,从而将对话机制中的对话通道由单一的互动对话拓展为互动对话、自主对话两个通道,并强调自主对话应随着研究的深入逐渐占据主导地位。

2. 两次对话的准备工作与过程管理

下面仍以"氯气"一课为例,组织入职第二年的小李老师实施两次对话的研究活动。

---

[①] 田立君,杨宏丽,陈旭远.论教师专业发展中对话的教育意蕴[J].课程·教材·教法,2012(4):109-113.

[②] 刘澍,杨娟.经验移植:教学实践性知识生成过程中的意向性觉知——以基础课教学为观察对象[J].中国高教研究,2013(4):107-109.

准备工作,笔者提前印发"有效共识"分析和评价表(见表8),要求开课者在自主备课时填写一次,在完成教学后再填写一次(主要是修改、调整);其他教师在现场听课或观摩视频后填写。由于两次对话的目的不同,其对话的程序、思路也是不一样的,我们采取(或引导)双向管理的策略。

(1)课前指导性对话引导正向管理:素材—经验—课堂。第一步,对话教学素材,即观察教学素材中融入"有效共识"的机会;第二步,对话教育经验,即思考教学素材中可以融入的"有效共识"观点和理由;第三步,对话课堂实践,即研究形成基于"有效共识"的教学设计方案。其中,第二步参照"表8"的布局展开。

(2)课后评价性对话实施逆向管理:课堂—经验—素材。第一步,对话课堂实践,即评价、梳理出课堂实践中的成功与问题;第二步,对话教育经验,即从"有效共识"角度,反思课堂实践成功与问题的根源;第三步,对话教学素材和资源管理,即反思教学素材选择和加工的质量,并结合时间、空间、技术等资源配置和合理性,共同提出改进意见。其中,第二步参照表8的布局展开。

3. 两次对话的结果差异与效益增值

以"氯气"的化学性质为例,小李老师实施两次对话、小张老师实施一次对话的结果差异与效益增值分析情况如表10所示。

表10 "氯气"(化学性质)两种对话的结果差异与效益增值分析

| 形态 | 内容 | | |
|---|---|---|---|
| | 对话教学素材 | 对话"有效共识" | 对话课堂实践 |
| 课前指导对话(小李) | 素材2:化学性质。[实验3]铁在氯气中燃烧;[实验4]氢气在氯气中燃烧;[实验5]氯气跟氢氧化钠溶液反应;[实验6]氯气跟水的反应和漂白作用 | 方法内容:实验探究、"宏—微—符"等。观念内容:微粒观、结构观、实验观、变化观等。文化内容:科学精神与人文精神、辩证思想等。教学线索:"提出假设—实验论证—得出结论"等。教学环节:引导—探究(由若干活动环节组成)。核心素养:证据推理与模型认知等 | [探究活动]分析氯原子结构示意图,培养结构观、微粒观的学科观念。所有化学实验采用当堂实验,从探究活动中感受"提出假设—实验论证—得出结论"的研究思路,培养实验观、变化观的学科观念和实验探究、"宏—微—符"等学习方法,落实"证据推理与模型认知"等核心素养 |

（续表）

| 形态 | 内容 | | |
|------|------|------|------|
| | 对话教学素材 | 对话"有效共识" | 对话课堂实践 |
| 课后评价对话（小李） | 评价与反思：化学是一门以实验为基础的学科，化学实验的重要性众所周知。但是，全部当堂实验，或全部视频实验，都是有问题的。实验证据、安全环保和课堂整体效益，需要三者兼顾，在不影响安全环保、课堂整体效益的基础上，尽可能开展循证教学研究①，以获得最佳实验证据。<br>修正与完善：方法内容中增补循证研究；[探究活动]中，将"铁、氢气在氯气中燃烧"的实验改为自拍视频（现场实验氯气外逸严重，且氢气燃烧的现象不清晰），这样基本上保证了实验的真实性，同时又避免了环境污染和健康危害。同时，将氯气的漂白性实验、氯气与氢氧化钠溶液反应的实验分别修改为两组对比实验，强化实验现象和对比研究的方法教育。另外，核心素养的培养中可增补"科学态度与社会责任、宏观辨识与微观探析"等内容。修改建议将在后续教学中实施 | | |
| 课后评价对话（小张） | 小张教师真实的探究活动安排是：所有化学实验采用现成的实验视频，一边播放视频，一边引导学生讨论和分析氯气的化学性质。课题组在一次对话中，指出化学实验的重要性，探讨了现场实验和视频实验的证据效力差异，并建议将[实验5][实验6]改为演示实验。修改建议将在后续教学中实施 | | |
| 两次对话效益增值 | 相比于一次对话，两次对话的增值效益体现在以下方面：其一，第一次对话提醒和强调了实验意识，并将真实的实验探究活动付诸课堂{参见课前指导性对话（小李）—[探究活动]}。其二，第二次对话的研讨重点，聚焦对探究活动的设计原则、运用教育经验的实际效果上，同时对核心素养的培养提出新的思考。其三，两次对话推动了课堂效益和运用教育经验之间的互动发展，实现"1＋1＞2"的系统效益 | | |

### （三）两次对话对推动自主学习教育经验的意义和价值

通过前文探讨，我们可以得出两次对话对推动教师自主学习教育经验的意义和价值。

1. 强化了教育经验指导课堂教学的及时性、针对性

课前指导性对话是教师在自主备课活动中对教育经验的融入思考和教学设

---

① 毛东海，李婉.开展"循证教学"研究，培养"循证思维"能力[J].中学化学教与学，2020（2）：42-47.

计的教研活动。这样的对话活动，凸显了人与教育经验之间的对话发展功能。通过自主对话，一方面可以酝酿、布局融入教学素材中的教育经验，另一方面可以创设教育经验转化为课堂实践的时机。这样的对话活动，不仅对课堂教学起到及时、针对的指导作用，而且可以对融入教育经验后的课堂实践和效果起到推演性、间接性预判作用。

2. 增强了课堂实践后对教育经验的反思性、发展性

由于增设了课前指导性对话，课后评价性对话的研讨重点由原来对教育经验的融入宽度，转移到对教育经验的融入深度上。可以说，这样的对话活动对推动教育经验的移植实践具有蜕变性作用效果。一方面增强了对教育经验移植实践的反思功能，使研究工作和课堂实践高度融合，互动发展；另一方面凸显了对教育经验移植研究的发展功能，鼓励教师将教育经验学习与自己的教学经验、专业特长有机结合，从而推动教学实践知识的生成。

3. 锤炼了教师与教育经验之间自主对话的意识和能力

课前指导性对话主要发生在教师的自主备课活动中，完全是教师个性化的研究行为，考验的是教师开展自主研究的自觉性、主动性和坚守精神。不难理解，这样的研究活动是很难用制度去约束和管理的。自 2017 年至今，不论是笔者在受援学校全日制地参与支教工作，还是在支教工作结束后组织的研讨活动，团队成员始终保持高涨的研究热情和认真的学习态度。究其根源，我们有着共同的教育使命和理想追求，有着学习、发展教育经验的共同目标。实践证明，这样的对话活动，不仅铸造了和谐的教研文化，推动了学习共同体的建设，而且锤炼了全体成员自主对话、自主研究的意识和能力。[①]

我们坚信，通过建构凸显教师自主对话的两次对话机制，可以将教育经验移植研究进一步推向新的高度。

---

① 周耀威.试论"基于对话"的研究共同体[J].教育理论与实践,2006(7):21-23.

# 成果七 "优质教育经验"异地移植之 跨区教研循证实践

　　教育循证实践是指教育工作者根据教育目标或问题,运用规准化证据和个人专业智慧,结合教育对象特点、环境条件所进行的循环性改进历程。循证实践的模型如图 29 所示。①

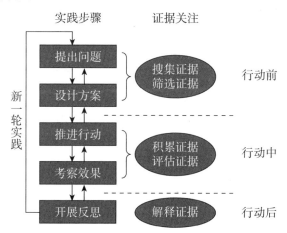

**图 29　循证实践的模型**

　　本次循证实践,主要是检测先前构建的教育经验异地移植的运行机制、教研模式、对话机制在新的教育环境中的实践效果,也就是重点聚焦上述实践模型中的推进行动、考察效果的步骤,关注积累证据、评估证据的工作内容;同时,开展教学反思,为后一轮的循证实践在优化策略、解决问题上指明方向。

---

　　①　王俊山.教师循证实践的现状与路径优化[M].上海:上海社会科学院出版社,2023:126－127.

## 一、循证实践的目标

1. 检测教育经验异地移植的运行机制的可行性和实效性。运行机制包括由内涵认知、要领感知、实践体验、经验沉淀、自主运用等五个关键要素组成的工作系统。

2. 检测教育经验异地移植的对话机制的可行性和实效性。对话机制包括由对话主体、对话主题、对话素材、平等对话、对话内容、对话方式等六个关键要素组成的工作系统。

3. 检测教研模式二(凸显备课组课程研发功能的教研模式)的可行性和实效性。

## 二、循证实践的路径与证据设计

### 1. 行动路径的制订

将教育经验传播、分享到特定的区域或人群,通常要经过多个管理和技术环节。管理环节有团队的组建、开展活动等;技术环节包括实施经验学习的运行机制、教研活动的对话机制等。根据循证实践的工作模型、研究工作的目标和实际操作的可行性,我们制订了如下的行动路径(见图30)。

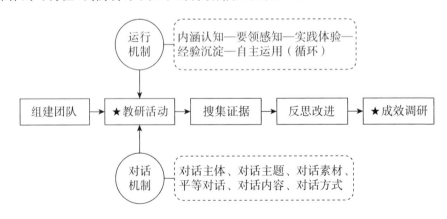

**图 30　循证实践的行动路径**

从图30看出,循证实践的管理环节主要有五个:组建团队、教研活动、搜集证据、反思改进和成效调研。其中,教研活动是中心环节,是跨区/校教研的具体行动;搜集证据和反思改进是促进、优化教研活动的手段,是一个循环往复的过程;成效调研是一年后的工作效果检测,需要通过问卷调研和实地调研的方式进行。

从图 30 看出,循证实践的技术环节主要有两个:一是运行机制,包括内涵认知—要领感知—实践体验—经验沉淀—自主运用等五个关键要素(见图10),其运作过程是经验输出者推动经验接受者,由外力驱动转化为内在主动的行动过程。二是对话机制,包括对话主体、对话主题、对话素材、平等对话、对话内容、对话方式等六个关键要素(见图 8),其运作过程是经验输出者和经验接收者在实现主体平等对话的基础上,提升经验传播、分享效果的行动过程。

2. 循证证据的设计

在制订上述行动路径的基础上,我们确立了关注证据的阶段、要求和对象,并进行行动过程中的整体布局(见图 31)。

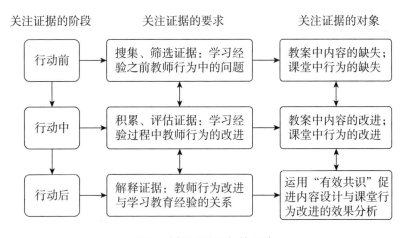

**图 31 循证实践证据的设计**

如图 31 所示,教案内容的缺失主要是指对教学目标的恰当描述、教学内容的全面考虑、教学重点的准确把握、核心素养的重点培育等方面存在的问题。课堂行为的缺失,主要是指在教学线索的提炼、课堂结构的布局、问题和环节的设计、方法的总结等方面存在的问题。①

---

① 毛东海.构建"经验模型",发展经验[J].中学化学教学参考,2022(10):71-76.

总之,通过上述路径的制订、证据的设计,引导、促进循证实践过程中教研活动的开展和管理,同时也为一年后的成效调研奠定扎实的基础。

### 三、循证实践的过程

1. 组建研究团队与研究概况

2022 年 8 月—2023 年 6 月,在浦东新区、闵行区、静安区、松江区教研员的协助下,笔者建立了跨越 4 个区,有 13 所学校、26 位教师参与的化学新教材区际联合备课群,其中市重点学校 1 所、区重点学校 6 所、普通学校 6 所。定于每周四晚上(19:00~20:30)进行线上高一化学备课活动,研讨基于化学课堂"有效共识"的备课资料,包括每一节新课的教案、课件和配套练习;同时,通过团队成员的视频课,研讨基于"有效共识"的教学实践。两项工作实现互动发展。所有资料(包括公开课评课活动的视频),全部共享。一年来,共组织线上备课活动 34次,其中研讨视频公开课 6 节,参与循证研究的区、学校和化学教师的人数汇总如表 11 所示。

表 11　参与循证研究的学校与青年教师人数

| 序号 | 学校 | 教师人数(共 26 人) |
|---|---|---|
| 1 | 静安区久隆中学 | 3 |
| 2 | 静安区市北中学 | 1 |
| 3 | 静安区民立中学 | 1 |
| 4 | 静安区彭浦中学 | 1 |
| 5 | 静安区新八中 | 1 |
| 6 | 静安区上大市北附中 | 3 |
| 7 | 静安区民办扬波中学 | 1(高一年级 1 人) |
| 8 | 松江区第四中学 | 6(高一年级 2 人) |
| 9 | 闵行区华理科高 | 1(高一年级 1 人) |
| 10 | 闵行区金汇高中 | 2(高一年级 2 人) |
| 11 | 浦东新区浦东中学 | 3(高一年级 3 人) |

（续表）

| 序号 | 学校 | 教师人数（共 26 人） |
|---|---|---|
| 12 | 浦东新区上南中学 | 2（高一年级 1 人） |
| 13 | 浦东新区杨思高中 | 1（高一年级 1 人） |

2. 备课活动与循证目标的关系

备课活动的核心任务就是要落实循证研究的目标，备课活动与循证研究目标之间的关系可归结如下：

第一，备课活动可以彰显运行机制。通过专题讲座和在线备课，促进"有效共识"教学主张的内涵认知、要领感知，同时通过资料共享或课程研发实现经验沉淀；通过笔者的示范课和团队成员的研究课，指导、发展实践体验，并推动教师自主运用教学主张的课堂实践。

第二，备课活动可以强化对话机制。每次备课活动要求全体高一年级教师参与，其他教师可以旁听。对话主体聚焦笔者和高一教师。对话主题是如何将化学课堂"有效共识"的教学主张融入每堂新授课的教学设计和教学课件中。对话素材主要是教材内容、经验输出方的课程资料，或者是组内公开课视频。每次备课活动努力做到平等对话，每个教师都有发言的机会，并确保一定的发言时间。

备课活动时，主持人会复习、强调对话内容，以提醒对话者有选择、有重点地运用教学主张进行发言、讨论，从而保证对话过程始终聚焦教育经验的核心内容。

备课活动中，主持人需要严格监控对话方式，包括确定发言的主体，组织对话的对象，引导对话的主题、方向，控制发言的时间、次数等，促使参与对话的每个成员必须围绕既定要求回答问题，参与讨论，从而将基于教育经验的对话交流始终贯穿教研活动的始终。

第三，备课活动可以检验教研模式。运用第二种教研模式（凸显备课组课程研发功能的教研模式）进行线上备课，采用的教研方式分别是集体备课（对应内涵认知）、听课评课（对应要领感知）、自主课堂（针对实践体验）、研发课程（针对经验沉淀）、课例研究（针对自主运用）。操作流程如图 24 所示。

备课活动与循证目标之间的关系如图 32 所示（注：图 32 左上侧为运行机制，右下侧为对话机制）。

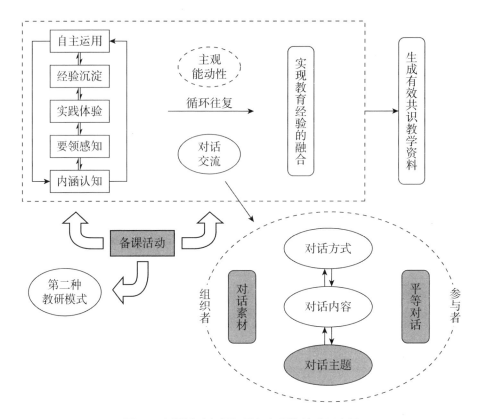

**图 32 备课活动与循证目标之间的关系示意图**

## 四、证据类型与数据分析

1. 全组教师参与备课活动的问卷调研

（1）问卷的内容和方式①

本次问卷调查的目的主要是了解教师对参与本研究团队的意义和目的、行为实践、学习现状和学习体会的认识，并听取对研究工作的建议。问卷设单选题、多选题、排序题和问答题。其中，单选题分为等距量表、计数量表两部分。问卷利用"问卷星"平台完成，时间约为 15 分钟。第一次问卷调研时间是 2023 年 2 月 22 日（备课活动历经 6 个月）；第 2 次问卷调研时间是 2023 年 6 月 22 日（备课活动历经 10 个月）。问卷内容详见附录 8。

---

① 李佳，王后雄.化学教育研究方法与方案分析[M].北京:科学出版社,2020:209-210.

（2）问卷的分析与结果①

第一部分　针对"学习目的、意义和行为实践"的调研

调研目标：设计8个调研目标，分别是：目标1，对学习教育经验意义和目的的认识；目标2，学习教育经验的行为环节；目标3，对"对话机制"的功能和实施效果的认识；目标4，学习教育经验对学科教学的推动作用；目标5，运用教育经验的行为自觉；目标6，对学习经验达成目标的理解；目标7，形成二次经验的现状；目标8，学校对教师参与本研究团队的态度（见表12）。

内容结构：这部分调研目标采用等距量表的方式进行。等距量表共设计了26道选择题，均为正向问题。目标1，设计"编号1～5题"；目标2，设计"编号6～11题"；目标3，设计"编号12～13题"；目标4，设计"编号14～17题"；目标5，设计"编号18～23题"；目标6，设计"编号24题"；目标7，设计"编号25题"；目标8，设计"编号26题"（见表12）。

数据处理：采用李克特式5点量表计分法，选项包括：非常同意、同意、一般、不同意和非常不同意，分别记为5、4、3、2、1分，从而获得定量数据。

调研数据采用"问卷星"在线SPSS分析软件进行分析。问卷信度（Cronbach $\alpha$ 系数）为0.927（大于0.9），研究数据信度质量很高，试卷内部各题之间具有很好的一致性，统计结果具有很高的可靠性。

| 调研序号 | 项数 | 样本量 | Cronbach $\alpha$ 系数 |
|---|---|---|---|
| 第1次 | 26 | 26 | 0.927 |
| 第2次 | 26 | 26 | 0.927 |

调研结论与分析：

① 近一年的研究活动，对提升教育经验移植的目的、意义有显著作用。从表12看出，针对目标1的"编号1～5题"的6个月调研得分是4.78分，10个月调研得分是4.98分。不仅两次平均分均在4.5分以上，而且第2次比第1次的得分更高。

① 钱扬义，唐云波，李琦琳."1＋8"套餐深度教研的理论与实践[M].广州：广东教育出版社，2021：50.

② 证实了教师学习教育经验的行为环节与先前构建的五环节运行系统基本吻合。从表 12 看出,针对目标 2 的"编号 6～11 题"的 6 个月调研得分是 4.85 分,10 个月调研得分是 4.98 分。两次平均分均远远高出 4.5 分,接近满分 5 分。

③ 证实了教师对"对话机制"的功能和效果的认可。从表 12 中看出,针对目标 3 的"编号 12～13 题"的 6 个月调研得分是 4.62 分,10 个月调研得分是 4.92 分。两次平均分均在 4.5 分以上,而且第 2 次比第 1 次的得分高出较多,接近满分 5 分。

④ 证实了学习教育经验对学科教学的推动作用是显著的。从表 12 看出,针对目标 4 的"编号 14～17 题"的 6 个月调研得分是 4.71 分,10 个月调研得分是 4.95 分。两次平均分均在 4.5 分以上,而且第 2 次比第 1 次的得分更高,接近满分 5 分。

⑤ 证实了教师自觉运用教育经验,需要一个较长的过程。从表 12 看出,针对目标 5 的"编号 18～23 题"的 6 个月调研得分是 4.28 分,10 个月调研得分是 4.69 分。第 1 次得分低于 4.5 分,第 2 次得分略高于 4.5 分。说明备课活动对培养自觉运用教育经验是有效果的,并随着时间的延长习惯的养成度会提高。

⑥ 证实了教师对学习经验达成目标的理解是正确的。从表 12 看出,针对目标 6 的"编号 24 题",6 个月调研得分是 4.85 分,10 个月调研得分是 4.96 分。

⑦ 证实了当前教师形成二次经验的现状不理想。从表 12 看出,针对目标 7 的"编号 25 题",6 个月调研得分是 2.38 分,10 个月调研得分是 4.07 分。虽然两次分值较低,但随着时间的推进,得分的提升幅度较大,增加了 1.69 分。说明备课活动对形成二次经验是有明显效果的,但二次经验的形成仍然需要经历较长的时间。

⑧ 证实了学校非常欢迎这样的研究活动。从表 12 看出,针对目标 8 的"编号 26 题",6 个月调研得分是 4.92 分,10 个月调研得分是 5 分,均接近满分 5 分。说明学校非常欢迎依托专家资源来推动教师的专业发展。

表 12　等距量表的问卷设计和 2 次调研结果对比

| 调研目标 | 序号 | 具体内容 | 调研 1 (6 个月) (满分 5 分) | | 调研 2 (10 个月) (满分 5 分) | |
|---|---|---|---|---|---|---|
| 1. 对学习教育经验的意义和目的的认识 | 1 | 本研究团队的研究目标是开展化学课堂"有效共识"的教育经验移植研究,对此你的清楚程度是 | 4.54 | | 4.88 | |
| | 2 | 本研究团队的研究意义是分享教育经验,培养青年教师,提高课堂效果,对此你的认同程度是 | 4.96 | | 5 | |
| | 3 | 你参加本研究团队的意愿程度是 | 4.92 | 4.78 | 5 | 4.98 |
| | 4 | 你觉得本研究团队的研究活动对你专业成长和提高课堂效率的帮助程度是 | 4.96 | | 5 | |
| | 5 | 有人说,教育经验贡献者的最大价值,不是要求教育经验的学习者完全照搬自己的经验,而是要用自己的经验去点燃学习者的探索欲望和创新灵感,形成属于自己的学习经验。对此,你的认同程度是 | 4.5 | | 5 | |
| 2. 学习教育经验的行为环节 | 6 | 有人说,学习"有效共识"教育经验,首先要了解什么是"有效共识",即"有效共识"的经验内涵(简称"内涵认知")。对此,你的认同程度是 | 4.77 | 4.85 | 4.96 | 4.98 |

（续表）

| 调研目标 | 序号 | 具体内容 | 调研1<br>（6个月）<br>（满分5分） | | 调研2<br>（10个月）<br>（满分5分） | |
|---|---|---|---|---|---|---|
| 2. 学习教育经验的行为环节 | 7 | 有人说,学习"有效共识"教育经验,必须清楚"有效共识"在课堂上实施的要领,即需要借助观摩示范课例来感知这个要领（简称"要领感知"）。对此,你的认同程度是 | 4.85 | 4.85 | 4.96 | 4.98 |
| | 8 | 有人说,学习"有效共识"教育经验,必须在清楚"有效共识"的实施要领后,即深入课堂实践,通过亲身感受来进一步掌握教育经验的实践操作（简称"实践体验"）。对此,你的认同程度是 | 4.85 | | 5 | |
| | 9 | 有人说,学习"有效共识"教育经验,必须有教育经验的沉淀载体,即将教育融入日常的教案、课件等教学资料中,以便学习者模仿或参照实施（简称"经验沉淀"）。对此,你的认同程度是 | 4.85 | | 4.96 | |
| | 10 | 有人说,学习"有效共识"教育经验,不仅需要教师模仿、参考示范课例,更需要教师的自主运用和创新实践,将教育经验和自己的个性特长、校情、学情等因素结合起来（简称"自主运用"）。对此,你的认同程度是 | 4.88 | | 5 | |

（续表）

| 调研目标 | 序号 | 具体内容 | 调研 1<br>（6 个月）<br>（满分 5 分） | | 调研 2<br>（10 个月）<br>（满分 5 分） | |
|---|---|---|---|---|---|---|
| 2. 学习教育经验的行为环节 | 11 | 有人说,学习"有效共识"教育经验是一个系统工程,需要上述五个方面(内涵认知、要领感知、实践体验、经验沉淀、自主运用)的共同参与,缺一不可。对此,你的认同程度是 | 4.88 | 4.85 | 5 | 4.98 |
| 3. 对"对话机制"的功能和实施效果的认识 | 12 | 有人说,学习"有效共识"教育经验,建立和谐的对话机制很关键,没有对话、分享、传播教育经验的可能性就变得微乎其微。对此,你的认同程度是 | 4.58 | 4.62 | 4.96 | 4.92 |
| | 13 | 你觉得当前教研活动中的对话机制,对实现"有效共识"分享、传播作用发挥的效果是 | 4.65 | | 4.88 | |
| 4. 学习教育经验对学科教学的推动作用 | 14 | 当前的网上集体备课活动,对你日常的自主备课活动产生的指导效果是 | 4.8 | 4.71 | 5 | 4.95 |
| | 15 | 当前的网上集体备课活动,对你提高课堂教学质量产生的效果是 | 4.77 | | 4.96 | |
| | 16 | 当前的网上集体备课活动,对你提高教学研究的意识产生的影响是 | 4.73 | | 4.92 | |
| | 17 | 你觉得通过参与本团队的教研活动,自己的专业水平和能力得到的进步程度是 | 4.54 | | 4.92 | |

| 调研目标 | 序号 | 具体内容 | 调研1（6个月）（满分5分） | | 调研2（10个月）（满分5分） | |
|---|---|---|---|---|---|---|
| 5. 运用教育经验的行为自觉 | 18 | 在参与本研究团队后，你用"有效共识"来反思自己教学活动的行为程度是 | 4.42 | 4.28 | 4.77 | 4.69 |
| | 19 | 在日常备课活动中，用"有效共识"的观点来指导教学设计。你的做法是 | 4.12 | | 4.62 | |
| | 20 | 在日常教学活动后，用"有效共识"的观点来反思课堂效果。你的做法是 | 4.12 | | 4.62 | |
| | 21 | 在参与本研究团队的视频公开课中，用"有效共识"的观点来指导教学设计与课堂实践。你的做法是 | 4.27 | | 4.73 | |
| | 22 | 在参与本研究团队的观课和评课时，用"有效共识"的观点来指导你的行动。你的做法是 | 4.42 | | 4.77 | |
| | 23 | 在参与学校听课、评课等教研活动时，用"有效共识"的观点来指导你的交流发言。你的做法是 | 4.35 | | 4.65 | |
| 6. 对"学习经验达成目标"的理解 | 24 | 有人说，学习"有效共识"教育经验，其成功的标志是形成个性化的教学实践知识。这种教学实践知识既源于原有的经验，又高于原有的经验，具有一定的自主性的创新成分。你的认同程度是 | 4.85 | 4.85 | 4.96 | 4.96 |

（续表）

| 调研目标 | 序号 | 具体内容 | 调研1<br>（6个月）<br>（满分5分） | | 调研2<br>（10个月）<br>（满分5分） | |
|---|---|---|---|---|---|---|
| 7. 形成二次经验的现状 | 25 | 当前,你形成"有效共识"的教学实践知识,即形成个性化的二次经验的现状是 | 2.38 | 2.38 | 4.07 | 4.07 |
| 8. 学校对教师参与本研究团队的态度 | 26 | 学校教学管理部门对你参与本研究团队的态度是 | 4.92 | 4.92 | 5 | 5 |
| 总平均 | | | 4.57 | | 4.87 | |

## 第二部分　针对学习现状和学习体会的调研

调研目标:设计6个调研目标,分别是:目标9,对化学课堂"有效共识"教学主张的认识;目标10,学习"有效共识"用得最多的学习方式;目标11,对"对话机制"中关键要素的实践体验;目标12,参加本研究团队的最大好处;目标13,备课中参考"有效共识"的实践流程;目标14,对"有效共识"教学资料借鉴的方式及其程度。

问卷结构:这部分调研目标采用计数量表(亦称比率量表)的方式进行。计数量表共设计了13道选择题、3道排序题。目标9,设计6道选择题(编号27~32题);目标10,设计1道选择题(编号33)、1道排序题(编号34);目标11,设计1道选择题(编号35)、1道排序题(编号36);目标12,设计1道选择题(编号37)、1道排序题(编号38);目标13,设计1道选择题(编号39);目标14,设计3道选择题(编号40~42)(见表13~18)。

数据处理:根据调研人数(2次调研均为26人),分类调研目标,统计每个选项的人数比率(见表13~18)。

调研结论与分析:

① 通过近一年的研究活动,大家基本上掌握了化学课堂"有效共识"的教学主张。

从表13看出,针对目标9的"编号27~32题",6个月调研的平均正确率是86.54%,10个月调研的平均正确率是92.31%,后者提高了近6个百分点。

除了 29 题(目标是连接内容系统和策略系统的桥梁)掌握得不够好(2 次正确率分别为 69.23% 和 76.92%),其他题的正确率都是比较高的(接近或超过 85%)。说明备课活动对大家掌握教育经验是有效的,而且随着时间的延长有效程度会明显提高。

② 证实在教育经验学习中的学习方式,与教育经验移植运行机制中的五个运行环节是完全一致的。

从表 14 看出,针对目标 10 的"编号 33～34 题",按照人数比率,6 个月、10 个月调研的学习方式依次为:B.观摩示范课例(96.15%、100%)、A.学习经验内涵(96.15%、96.15%)、C.体验课堂实践(88.46%、92.31%)、D.研发校本课程(53.85%、57.69%)、E.开展课题研究(26.92%、34.62%)。

以上用到的学习方式,完全对应了教育经验移植运行机制中的五个运行环节(要领感知、内涵认知、实践体验、经验沉淀、自主运用),其中开展课题研究可以视为自主运用环节的一种具体实践方式。同时,也证实了教师在教育经验学习中用得最多的是前三种学习方式(人数比率在 85% 以上,多数超过 90%),也说明要领感知、内涵认知、实践体验的运行环节在经验学习中的实施概率最高,教师最愿意接受。

③ 证实备课活动中的对话实践,完全体现了教育经验移植对话机制中的六个关键要素。

从表 15 看出,针对目标 11 的"编号 35～36 题",按照人数比率,6 个月、10 个月调研的关键要素依次为:C.对话主题(100%、96.15%)、A.对话主体(96.15%、100%)、B.对话素材(96.15%、100%)、D.平等对话(88.46%、84.62%)、E.对话内容(88.46%、76.92%)、F.对话方式(61.54%、69.23%)。

同时,证明对前 4 种要素的体验比较强烈(人数比率基本在 85% 以上,多数超过 95%),对 F.对话方式的体验相对薄弱,对 E.对话内容的体验感不稳定。

④ 证实了大家对参与研究团队的五个最大好处的认可。

从表 16 看出,针对目标 12 的"编号 37～38 题",按照人数比率,6 个月、10 个月调研的五大好处依次为:A.可以分享团队成员的教学经验,取长补短,共同进步(100%、100%);C.可以学到"有效共识"经验,为发展自己的经验打基础(100%、96.15%);F.可以助推新教材研究,尽快提高新教材的课堂实施能力(84.62%、

88.46%）；B.可以参考"有效共识"备课资料，节省备课时间（80.77%、92.31%）；D.可以拓展自己的教学视野，助推自己的课题研究（80.77%、88.46%）。

同时可以看出，A、C、F选项的三大好处是比较稳定的（人数比率基本在85%以上，多数超过95%）；但是B、D两大好处，第2次比第1次调研提高了10个百分点左右，说明"有效共识"备课资料，随着时间的延长，越来越显示出对教师的自主备课、课题研究的积极影响。

5. 证实"有效共识"的教学主张已成为大家日常备课的重要参考。

从表17看出，针对目标13的"编号39题"，按照人数比率，6个月、10个月调研的备课流程分别为：A.先看教材、教参—再参考"有效共识"资料—最后自己备课（84.62%、76.92%）；C.先参考"有效共识"资料—再看教材、教参—最后自己备课（3.85%、3.85%）。两者合计人数比率分别为：88.47%、80.77%。因为两者均在自己备课之前参考了"有效共识"资料，我们认为都是有效证据。

同时看到，第2次调研数据有一定下降，说明大家备课的独立性、自主性在原有基础上有一定发展，这是形成二次经验的前兆。

6. 证实了大家对"有效共识"教学资料借鉴的方式和程度主要集中在教学设计和教学课件。

从表18看出，针对目标14的"编号40~42题"，按照人数比率，6个月、10个月调研的资料参考数据为："B.大部分参考，小部分自己设计"，其中教学设计（73.08%、61.54%），教学课件（76.92%、53.85%），配套练习（42.31%、30.77%）。

同时也看到，第2次调研数据有一定下降，说明大家对参考资料使用的独立性、自主性随着时间的推移在逐步提高，这也证明了二次经验正在形成和发展过程中。

**表13 计数量表的问卷设计和统计1**

——目标9（编号27~32；对化学课堂"有效共识"教学主张的认识）

| 编号 | 问题内容和正确答案 | 调研1<br>（6个月）<br>正确率（%） | 调研2<br>（10个月）<br>正确率（%） |
|---|---|---|---|
| 27 | 化学课堂"有效共识"的四层级内容系统<br>（知识内容、方法内容、观念内容、文化内容） | 92.31 | 92.31 |

（续表）

| 编号 | 问题内容和正确答案 | 调研 1<br>（6 个月）<br>正确率（%） | 调研 2<br>（10 个月）<br>正确率（%） |
|---|---|---|---|
| 28 | 化学课堂"有效共识"的六要素策略系统<br>（目标、线索、结构、问题、环节、方法） | 96.15 | 96.15 |
| 29 | 连接内容系统和策略系统的桥梁<br>（"目标"是连接两者的桥梁） | 69.23 | 76.92 |
| 30 | 化学课堂"有效共识"教学线索的三种类型<br>（知识线索、方法线索、思想线索） | 84.62 | 88.46 |
| 31 | 化学课堂"有效共识"有效问题的两种类型<br>（核心问题、相关问题） | 92.31 | 100 |
| 32 | 化学课堂"有效共识"的两种教学范式<br>（引导—探究范式、自主—探究范式） | 84.62 | 100 |
| 平均正确率 | | 86.54 | 92.31 |

**表 14　计数量表的问卷设计和统计 2**

——目标 10（编号 33～34；学习"有效共识"用得最多的学习方式及其排序）

| 选项 | 调研 1（6 个月） | | | 调研 2（10 个月） | | |
|---|---|---|---|---|---|---|
| | 人数<br>小计 | 人数比例<br>（%） | 排序 | 人数<br>小计 | 人数比例<br>（%） | 排序 |
| A. 学习经验内涵 | 25 | 96.15 | 1 | 25 | 96.15 | 2 |
| B. 观摩示范课例 | 25 | 96.15 | 1 | 26 | 100 | 1 |
| C. 体验课堂实践 | 23 | 88.46 | 3 | 24 | 92.31 | 3 |
| D. 研发校本课程（教案、课件等） | 14 | 53.85 | | 15 | 57.69 | |
| E. 开展课题研究 | 7 | 26.92 | | 9 | 34.62 | |
| F. 自主运用经验 | 0 | 0 | | 0 | 0 | |
| G. 其他（　　　） | 0 | 0 | | 0 | 0 | |

**表 15　计数量表的问卷设计和统计 3**

——目标 11（编号 35～36；对"对话机制"中关键要素的实践体验及其排序）

| 选项 | 调研 1（6 个月） | | | 调研 2（10 个月） | | |
|---|---|---|---|---|---|---|
| | 人数<br>小计 | 人数比例<br>（%） | 排序 | 人数<br>小计 | 人数比例<br>（%） | 排序 |
| A. 对话主体（包括主持人、参与者） | 25 | 96.15 | 2 | 26 | 100 | 1 |

（续表）

| 选项 | 调研1(6个月) | | | 调研2(10个月) | | |
|---|---|---|---|---|---|---|
| | 人数小计 | 人数比例（%） | 排序 | 人数小计 | 人数比例（%） | 排序 |
| B. 对话素材(如观摩的课例、教案等) | 25 | 96.15 | 2 | 26 | 100 | 1 |
| C. 对话主题(如讨论基于"有效共识"的教学设计等) | 26 | 100 | 1 | 25 | 96.15 | 2 |
| D. 平等对话(主持人、参与者之间是平等关系,可以充分交流) | 23 | 88.46 | 3 | 22 | 84.62 | 3 |
| E. 对话内容(对话必须融入教育经验的观点,并全程贯穿研讨活动) | 23 | 88.46 | 3 | 20 | 76.92 | 4 |
| F. 对话方式(主持人要监控对话过程,防止对话跑题,并确保发言的机会、时间尽可能均等) | 16 | 61.54 | 4 | 18 | 69.23 | 5 |
| G. 其他 | 0 | 0 | | 0 | 0 | |

**表16 计数量表的问卷设计和统计4**

——目标12(编号37~38;参与研究团队的最大好处及其排序)

| 选项 | 调研1(6个月) | | | 调研2(10个月) | | |
|---|---|---|---|---|---|---|
| | 人数小计 | 人数比例（%） | 排序 | 人数小计 | 人数比例（%） | 排序 |
| A. 可以分享团队成员的教学经验,取长补短,共同进步 | 26 | 100 | 1 | 26 | 100 | 1 |
| C. 可以学到"有效共识"经验,为发展自己的经验打基础 | 26 | 100 | 1 | 25 | 96.15 | 2 |
| F. 可以助推新教材研究,尽快提高新教材的课堂实施能力 | 22 | 84.62 | 3 | 23 | 88.46 | 4 |
| B. 可以参考"有效共识"备课资料,节省备课时间 | 21 | 80.77 | 4 | 24 | 92.31 | 3 |
| D. 可以拓宽自己的教学视野,助推自己的课题研究 | 21 | 80.77 | 4 | 23 | 88.46 | 4 |
| E. 可以建立一定的人脉关系,为自己的专业发展服务 | 12 | 46.15 | 6 | 14 | 53.85 | 6 |
| G. 其他 | 0 | 0 | | 0 | 0 | |

**表 17　计数量表的问卷设计和统计 5**

——目标 13(编号 39；参考"有效共识"进行备课的一般流程)

| 选项 | 调研 1(6 个月) | | | 调研 2(10 个月) | | |
|---|---|---|---|---|---|---|
| | 人数小计 | 人数比例(%) | 小计 | 人数小计 | 人数比例(%) | 小计 |
| C. 先参考"有效共识"资料—再看教材、教参—最后自己备课 | 1 | 3.85 | 88.47 | 1 | 3.85 | 80.77 |
| A. 先看教材、教参—再参考"有效共识"资料—最后自己备课 | 22 | 84.62 | | 20 | 76.92 | |
| B. 先看教材、教参—再自己备课—最后参考"有效共识"资料 | 3 | 11.54 | | 5 | 19.23 | |
| D. 先参考"有效共识"资料—再自己备课—最后看教材、教参 | 0 | 0 | | 0 | 0 | |
| E. 先自己备课—再参考"有效共识"资料—最后看教材、教参 | 0 | 0 | | 0 | 0 | |
| F. 先自己备课—再看教材、教参—最后参考"有效共识"资料 | 0 | 0 | | 0 | 0 | |

**表 18　计数量表的问卷设计和统计 6**

——目标 14(编号 40～42；对"有效共识"教学资料借鉴的方式和程度)

(注：调研 1 是 6 个月调研数据；调研 2 是 10 个月调研数据)

| 选项内容 | | 资料类型 | | | | | |
|---|---|---|---|---|---|---|---|
| | | 教学设计 | | 教学课件 | | 配套练习 | |
| | | 人数小计 | 人数比例(%) | 人数小计 | 人数比例(%) | 人数小计 | 人数比例(%) |
| A. 稍作修改，直接使用 | 调研 1 | 1 | 3.85 | 0 | 0 | 2 | 7.69 |
| | 调研 2 | 1 | 3.85 | 1 | 3.85 | 1 | 3.85 |
| B. 大部分参考，小部分自己设计 | 调研 1 | 19 | 73.08 | 20 | 76.92 | 11 | 42.31 |
| | 调研 2 | 16 | 61.54 | 14 | 53.85 | 8 | 30.77 |
| C. 小部分参考，大部分自己设计 | 调研 1 | 6 | 23.08 | 6 | 23.08 | 8 | 30.77 |
| | 调研 2 | 9 | 34.62 | 11 | 42.31 | 15 | 57.69 |

（续表）

| 选项内容 | | 资料类型 | | | | | |
|---|---|---|---|---|---|---|---|
| | | 教学设计 | | 教学课件 | | 配套练习 | |
| | | 人数小计 | 人数比例（%） | 人数小计 | 人数比例（%） | 人数小计 | 人数比例（%） |
| D. 碰到问题时再参考使用 | 调研1 | 0 | 0 | 0 | 0 | 2 | 7.69 |
| | 调研2 | 0 | 0 | 0 | 0 | 0 | 0 |
| E. 其他 | 调研1 | 0 | 0 | 0 | 0 | 3 | 11.54 |
| | 调研2 | 0 | 0 | 0 | 0 | 2 | 7.41 |

### 第三部分　针对教师对研究工作建议的调研

调研目标：设计2个调研目标，分别是：目标15，调研教师对当前网上教研活动的建议。目标16，调研教师在哪些方面可以作出进一步努力。

问卷结构：这部分调研目标采用简答题的方式进行。目标15、目标16各对应一个开放性简答题。

数据处理：从不同的、有价值的观点角度来汇总教师的活动建议和努力方向。

调研结论与分析：

1. 针对当前在线教研的改进建议，主要观点是：(1)希望延长备课时间，针对某个问题或环节进行深度研讨；(2)了解"有效共识"的论文内容，强化论文写作的指导；(3)融入选必内容，并分层作业（详见表19）。

2. 针对当前在线教研自主努力的方向，主要观点是：(1)学习"有效共识"论文，反思、总结课堂实践；(2)将课堂经验转化为研究成果；(3)用心设计、分享教案与课件，相互点评、提高（详见表20）。

### 表19　简答题的问卷设计和统计1
——目标15（编号43；针对当前网上教研活动的建议）

| 序号 | 对团队活动的建议 | 人数 | 判断 |
|---|---|---|---|
| 1 | 希望延长备课时间，针对某个问题或环节进行深度研讨 | 7 | 有价值 |
| 2 | 了解"有效共识"的论文内容，强化论文写作的指导 | 4 | 有价值 |

(续表)

| 序号 | 对团队活动的建议 | 人数 | 判断 |
|------|------------------|------|------|
| 3 | 融入选必内容,并分层作业 | 3 | 有价值 |
| 4 | 增加课例点评,请有经验教师多评课 | 2 | 有价值 |
| 5 | 共享开课教师的教案、课件 | 1 | 有价值 |

**表 20　简答题的问卷设计和统计 2**

——目标 16(编号 44;针对当前网上教研自主努力的方向)

| 序号 | 对自主发展的建议 | 人数 | 判断 |
|------|------------------|------|------|
| 1 | 学习"有效共识"论文,反思、总结课堂实践 | 8 | 有价值 |
| 2 | 将课堂经验转化为研究成果 | 6 | 有价值 |
| 3 | 用心设计、分享教案与课件,相互点评、提高 | 6 | 有价值 |
| 4 | 自己提前备课,带着问题参与集体备课 | 1 | 有价值 |
| 5 | 录屏自己的课堂,开展两次对话 | 1 | 有价值 |
| 6 | 结合校情融入"有效共识"观念 | 1 | 有价值 |
| 7 | 面对新教材加强教学环节的设计 | 1 | 有价值 |

（3）全组教师参与问卷调研的总结论

① 通过近一年的研究活动,证实了本研究中构建的教育经验异地移植运行机制(五环节运行系统)、基于教育经验异地移植的对话机制是可行的和有效的;证实了通过教育经验异地移植工作,可以有效地培养青年教师,提升课堂教学效益。

② 通过近一年的研究活动,大家基本上掌握了化学课堂"有效共识"的教学主张。证明了化学课堂"有效共识"这样一个经验载体,可以在较短的时间内被广大教师接受,并能在提高课堂效率和促进教师专业发展上积极发挥作用。

③ 广大教师乐于接受通过在线教研的形式来学习优质教育经验,可以克服网络教研现场感不足的缺点,发挥其突破时空限制的优势,推动自身的专业发展。

2. 对青年教师所在学校的实地调研

（1）问卷的内容和方式

了解学校对青年教师参与本研究团队的态度、对网上教研这种形式的认可程度、对青年教师发展现状的评价。

问卷设单选题和问答题。其中,选择题主要是等距量表。问卷利用问卷星平台完成,时间约为 10 分钟。问卷调研时间:2023 年 4 月中旬。问卷内容详见附录 9。

（2）问卷的分析与结果

第一部分　针对学校对研究活动的态度、网上教研认可度的调研

调研目标:设计 3 个调研目标,分别是:目标 1,学校对青年教师参与研究团队的关心和支持程度;目标 2,学校对研究团队开展网上教研这种形式的认可程度;目标 3,学校对青年教师参与研究团队后专业发展的认可程度。

问卷结构:针对这部分调研目标采用等距量表的方式。共设计 10 道选择题,均为正向问题。目标 1,设计 3 道选择题(编号 1~3);目标 2,设计 5 道选择题(编号 4~8);目标 3,设计 2 道选择题(编号 9~10)。

数据处理:采用李克特式 5 点量表计分法,选项包括非常同意、同意、一般、不同意和非常不同意,分别记为 5、4、3、2、1 分,从而获得定量的数据。

调研数据采用问卷星在线 SPSS 分析软件进行分析。问卷信度(Cronbach $\alpha$ 系数)为 0.913(大于 0.9),研究数据信度质量很高,试题内部各题之间具有很好的一致性,统计结果具有很高的可靠性。

| 问卷信度(Cronbach $\alpha$ 系数) | 问卷份数 |
| --- | --- |
| 0.913 | 13 |

调研结论与分析:

学校非常支持、认可,通过跨区网络教研活动提升教师的专业水平和课堂教学能力。

从表 21 看出,10 道选择题的平均得分为 4.87 分,接近满分。说明经过近一年的在线教研活动,学校对教师参与研究团队是很关心、支持的;学校对研究团

队开展网上教研这种形式是很认可的;学校对青年教师参与研究团队后专业发展的程度是很认可的。

表 21 实地调研等距量表的问卷设计和统计

| 调研目标 | 序号 | 具体内容 | 平均分1 | 平均分2 |
|---|---|---|---|---|
| 1. 学校对青年教师参与研究团队的关心和支持程度 | 1 | 学校对青年教师参与本研究团队的态度 | 5 | 5 |
| | 2 | 学校对青年教师参与本研究团队的意愿程度的了解 | 5 | |
| | 3 | 学校对青年教师参与本研究团队的收获体会的了解 | 5 | |
| 2. 学校对研究团队开展网上教研这种形式的认可程度 | 4 | 网上集体备课可以跨越时空限制,实现不同区、不同学校之间的教育经验分享。对此,您的认同程度是 | 4.8 | 4.8 |
| | 5 | 本研究团队每周开展一次(每周四,19:00~20:30)网上备课活动。您认为,这对传播教育经验的有效程度是 | 4.8 | |
| | 6 | 本研究团队每周开展一次(每周四,19:00~20:30)网上备课活动。您认为,这对提高青年教师新教材备课能力的作用程度是 | 4.8 | |
| | 7 | 本研究团队每周开展一次(每周四,19:00~20:30)网上备课活动。您认为,这对提高青年教师新教材实践能力的作用程度是 | 4.8 | |
| | 8 | 本研究团队每周开展一次(每周四,19:00~20:30)网上备课活动。您认为,这对提高青年教师课堂实践反思能力的作用程度是 | 4.8 | |
| 3. 学校对青年教师参与研究团队后专业发展的认可程度 | 9 | 当前,参与本研究团队的青年教师,您发现其教学能力上提高的程度是 | 4.9 | 4.85 |
| | 10 | 当前,参与本研究团队的青年教师,您发现其课堂效果上表现的程度是 | 4.8 | |
| 总平均分 | | | | 4.87 |

## 第二部分  针对学校对研究团队的了解程度、
### 对青年教师专业发展需求的调研

调研目标：设计 2 个调研目标，分别是：目标 4，学校对本研究团队主要研究任务的了解；目标 5，学校对青年教师专业素养发展的需求。

问卷结构：针对这部分调研目标采用计数量表的方式。目标 4、目标 5 各设计 1 个选择题（编号 11、12），每题设 5~6 个选项。

数据处理：根据总数 13 所学校，分类调研目标，统计每个选项的人数比率（见表 22~23）。

调研结论与分析：

本研究团队的工作宗旨与学校对教师专业发展的需求完全一致。

从表 22 看出，学校对本研究团队主要研究任务的了解，是既指导青年教师新教材备课，又指导青年教师课堂实践，人数比例占 92.3%。这正是本研究团队的工作宗旨。从表 23 看出，学校对青年教师专业素养发展的需求，是新教材备课、课堂实践两个方面的能力，人数比例占 92.3%。这与本研究团队的工作宗旨完全一致。

**表 22  实地调研计数量表的问卷设计和统计 1**
——目标 4（编号 11；学校对本研究团队主要研究任务的了解）

| 选项 | 人数小计 | 人数比例 |
|---|---|---|
| A. 指导青年教师开展课题研究 | 0 | 0% |
| B. 指导青年教师开展新教材备课 | 1 | 7.7% |
| C. 指导青年教师开展课堂实践 | 0 | 0% |
| D. 既指导青年教师新教材备课，又指导青年教师课堂实践 | 12 | 92.3% |
| E. 其他 | 0 | 0% |

**表 23  实地调研计数量表的问卷设计和统计 2**
——目标 5（编号 12；学校对青年教师专业素养发展的需求）

| 选项 | 人数小计 | 人数比例 |
|---|---|---|
| A. 课题研究能力 | 0 | 0% |

（续表）

| 选项 | 人数小计 | 人数比例 |
|---|---|---|
| B. 新教材备课能力 | 1 | 7.7% |
| C. 课堂实践能力 | 0 | 0% |
| D. 新教材备课、课堂实践两个方面的能力 | 12 | 92.3% |
| E. 与人沟通的能力 | 0 | 0% |
| F. 其他 | 0 | 0% |

第三部分　针对学校对研究团队的工作建议、对青年教师的学习要求等调研

调研目标：设计3个调研目标，分别是：目标6，学校对本研究团队改进工作的建议；目标7，对青年教师改进学习提出的要求；目标8，学校可以配合的资源和改进的工作。

问卷结构：针对这些调研目标采用简答题的方式。目标6、目标7、目标8各对应一个开放性简答题。

数据处理：从不同的、有价值的观点来汇总学校的建议或要求。

调研结论与分析：

1. 学校对本研究团队的工作寄予厚望，希望更多教师参与研究活动。

从表24看出，学校对本研究团队改进工作的建议主要是：第一，希望让更多的青年教师加入研究团队；第二，把基于"双新"的课堂研讨活动持续下去；第三，多增加现场交流学习活动，增强学习的获得感。

2. 学校希望青年教师发挥主动性，勤于反思和研究。

从表25看出，学校对青年教师改进学习提出的要求主要是：第一，多听名师、优秀教师的课；第二，勤于反思，做好反思笔记；第三，及时总结教学案例。

3. 学校会尽全力支持团队的研究工作。

从表26看出，学校可以配合的资源和改进的工作，主要是：第一，学校大力支持线下活动，欢迎现场观摩研讨活动；第二，多关注参加教师的课堂实践，鼓励化学组内推广；第三，尽学校所能为青年教师的专业发展提供资源和机会。

### 表 24　实地调研简答题的问卷设计和统计 1
——目标6(编号13;学校对本研究团队改进工作的建议)

| 序号 | 建议内容 | 人数 | 判断 |
|---|---|---|---|
| 1 | 希望让更多的青年教师加入研究团队 | 10 | 有价值 |
| 2 | 把基于"双新"的课堂研讨活动持续下去 | 8 | 有价值 |
| 3 | 多增加现场交流的学习活动,增强学习的获得感 | 7 | 有价值 |
| 4 | 推进整体化教学设计和活动设计,促进深度学习 | 5 | 有价值 |
| 5 | 增加课堂微观技术指导,让好的教案落地且高效 | 5 | 有价值 |

### 表 25　实地调研简答题的问卷设计和统计 2
——目标7(编号14;学校对青年教师改进学习提出的要求)

| 序号 | 要求内容 | 人数 | 判断 |
|---|---|---|---|
| 1 | 多听名师、优秀教师的课 | 9 | 有价值 |
| 2 | 勤于反思,做好反思笔记 | 8 | 有价值 |
| 3 | 及时总结教学案例 | 6 | 有价值 |
| 4 | 基于实际问题开展课题研究 | 5 | 有价值 |
| 5 | 更新教学观念 | 4 | 有价值 |

### 表 26　实地调研简答题的问卷设计和统计 3
——目标8(编号15;学校可以配合的资源和改进的工作)

| 序号 | 配合和改进的工作 | 人数 | 判断 |
|---|---|---|---|
| 1 | 学校大力支持线下活动,欢迎现场观摩研讨活动 | 10 | 有价值 |
| 2 | 多关注参加教师的课堂实践,鼓励化学组内推广 | 7 | 有价值 |
| 3 | 尽学校所能为青年教师的专业发展提供资源和机会 | 6 | 有价值 |

(3) 实地调研的总结论

① 学校非常支持、认可跨区网络教研活动,希望更多教师加入研究团队。

② 学校希望青年教师发挥主动性,勤于反思和研究,促进自身成长。

③ 学校会全力支持本研究团队的工作。

3. 对青年教师公开课的视频分析和评价

（1）研制化学课堂"有效共识"的课堂教学分析和评价表

**表 27　化学课堂"有效共识"课堂教学分析和评价表①**

课题名称＿＿＿＿＿＿＿　学校＿＿＿＿＿＿＿

执教者＿＿＿＿　执教班级＿＿＿＿＿　评价者＿＿＿＿

| 时间进程 | 教学行为 | 教学内容 | 体现共识/存在问题 | 得分/扣分 |
|---|---|---|---|---|
|  |  |  |  |  |
|  |  |  |  |  |
|  |  |  |  |  |
|  |  |  |  |  |
|  |  |  |  |  |
|  |  |  |  |  |
| 评价结果 | 初步印象等级　　　级<br>调整后的等级　　　级 |  | 调整前的得分：<br>调整后的得分： |  |

评价说明：1.若开展鼓励性评价，可以用"体现共识""得分"的评价模式；若开展发展性评价，可以用"存在问题""扣分"的评价模式。2.满分 100 分，评分结果同时用 A、B、C、D 的等第呈现。

（2）建立化学课堂"有效共识"教学评价的 5 条原则

为了从整体上把握评课活动的可行性和有效性，我们建立了 5 条评课原则。评课原则是对"有效共识"观点的集中体现，是根据评课者在评课操作时最敏感的、整体性的心理感受建立的，同时考虑其与"有效共识"观点的紧密关系。

①　李智，教师课堂教学行为评价指标体系建构研究[D].杭州：浙江师范大学，2011.

原则一,设计的预见性。教学设计规范,应彰显"有效共识"的观点;教学课件匹配,应助推课堂实践的落实。这个原则可以预见"有效共识"在教学准备中的全部要素,对指导课堂实践具有重要作用。

教学设计目标定位准确,内容逻辑清晰,文字描述规范。不仅在教学目标中体现知识的精度、深度和广度的要求,而且体现核心素养(或学习方法、学科观念、文化内容)等素养培养的要求。在教学设计的其他栏目,能合理体现线索、结构、问题、环节、方法等"有效共识"的观点,并能在教学过程栏目中进行呼应和强化。

教学课件能呼应教学设计的要求,并在体现核心素养(或学习方法、学科观念、文化内容)等素养培养的要求上有提醒落实或强化的标识。

原则二,思维的流畅度。思路严谨,表达规范,点拨得当,活动有序。教学思维的流畅、严谨是有效课堂的核心。这个原则可以重点体现"有效共识"的目标、线索、环节、方法等要素。

教学思维的内容方向是达成教学目标的基本前提。语言表达、板书设计是体现教师思维流畅性、严谨性的关键素养。教师点拨的恰当性、有效性是推动、深化教学思维的必要条件。组织学生活动是彰显教学思维的重要的外在形式和教学手段。

原则三,教学的节奏感。行为环节清晰,有韵律感。能聚焦本课的教学范式和具体细节,并有一定的重复性和发展性。这个原则可以重点体现"有效共识"的环节等要素。

原则四,课堂的层次性。问题明确,衔接自然,层次分明。这个原则可以重点体现"有效共识"的结构、问题等要素。

原则五,方法的典型性。有总结学习方法的意识和行动,并有精简文字的总结或精致符号的留痕。同时,预留适当的思考和记录时间。

(3) 形成化学课堂"有效共识"教学评价的实施程序

第一步,根据评课原则和总体感觉分档次 A(优,90~100)、B(良,80~89)、C(中,70~79)、D(合格,60~69)。

第二步,根据上述感觉档次进行"有效共识"的详细扣分(评分细则详见附录10),再根据参评对象的实际情况作总分、档次上的调整,形成最后的结果。

（4）开展化学课堂"有效共识"教学评价的实践活动

表 28　高一年级 16 节课的教学评价信息一览表

| 编号 | 执教者(隐去)所在区和学校 | 执教者教龄(年) | 课题 | 成绩/等第 | 个体纵向评价 |
|---|---|---|---|---|---|
| 1 | 静安区上大市北附中 | >10 | 盐 | 90/A | 大进步,质量已稳定 |
| 2 | 闵行区金汇高中 | >10 | 化学平衡的移动 | 85/B | 大进步,质量已稳定 |
| 3 | 浦东新区上南中学 | 2 | 金属及其化合物 | 89/B | 大进步 |
| 4 | 静安区彭浦中学 | >10 | 甲烷 | 86/B | 大进步,质量已稳定 |
| 5 | 浦东新区浦东中学 | 2 | 金属的性质 | 83/B | 进步 |
| 6 | 松江区第四中学 | 3 | 化学变化中的能量变化 | 87/B | 大进步 |
| 7 | 静安区闸北八中 | >10 | 化学反应速率 | 76/C | 进步不明显 |
| 8 | 闵行区金汇高中 | 2 | 化学键 | 79/C | 进步 |
| 9 | 静安区民立中学 | >10 | 化学反应速率 | 81/B | 进步 |
| 10 | 浦东新区杨思高中 | 3 | 过氧化钠性质的探究 | 91/A | 大进步 |
| 11 | 浦东新区浦东中学 | 3 | 元素周期律 | 80/B | 进步 |
| 12 | 闵行区华理科高 | 5 | 金属及其化合物 | 80/B | 进步 |
| 13 | 静安区市北中学 | >10 | 纯碱的制备 | 92/A | 大进步,质量已稳定 |
| 14 | 静安区杨波中学 | 8 | 金属的性质 | 80/B | 进步 |
| 15 | 浦东新区浦东中学 | 2 | 重要的金属化合物 | 81/B | 进步 |
| 16 | 松江区第四中学 | 5 | 元素周期律 | 85/B | 大进步 |

从表 28 看出,8 位教师在课堂教学上取得"大进步",其中 4 位教师的课堂效果已趋向稳定,7 位教师的课堂教学有"进步",1 位教师的课堂教学"进步不明显"。课堂教学的进步程度与教龄没有正向关系,相对而言,职初教师的可塑性更大,进步更加明显。总体上来说,通过一年多的"有效共识"移植研究,绝大部分教师在教学能力上取得了进步或明显的进步。

### 五、循证实践的总结论

通过一年多的循证研究,可以得出如下结论:

第一,本课题建构的教育经验异地移植研究的运行机制、对话机制、教研模式是可行的、可靠的、有效的。

第二,化学课堂"有效共识"教育经验作为本课题中的研究载体,可以被广大教师接受,并对提升化学课堂效益发挥显著的作用。

第三,学校欢迎并认可通过网络教研的形式来分享优质教育经验,培养青年教师,推动学校的教研组建设。

# 成果八　研发基于"有效共识"的
# 松江四中校本课程

　　利用备课活动的时间和机会,以上海市久隆模范中学校本课程为基础,根据松江四中学生的基础和能力,对照学校的教学管理要求(大部分学生只需要完成合格考的内容要求),进行校本课程的修改,形成初稿。在完成课堂教学后,再对初稿进行修正,形成松江四中校本课程。其中,在教学目标、教学过程栏目中增补了"化学学科核心素养"的培养要求。

　　校本课程的汇编成果分 3 个年级、9 个类别,共计 50 多万字(研发清单见附录 3):
　　第一部分,高一化学校本课程(教学设计、教学课件、配套练习);
　　第二部分,高二化学校本课程(教学设计、教学课件、配套练习);
　　第三部分,高三化学校本课程(教学设计、教学课件、配套练习)。
　　下面以高一化学"盐酸的性质"一课为例,介绍校本课程的研发过程。

## 一、基于有效共识教学设计的研发①

　　基于有效共识教学设计的大致流程图为:

---

　　①　毛东海.基于化学课堂"有效共识"的教学设计[J].化学教学,2012(10):6-9.

1. 明确目标,确立重点

目标,一是指明确三维目标的基本内涵,二是指确立三维目标的重点维度。新授课中,一般将"知识与技能"目标确定为重点维度("过程与方法"目标作为解决问题的手段或工具);复习课中,一般将"过程与方法"目标确定为重点维度(而"知识与技能"目标一般作为解决问题的载体或素材)。这样做可以强化课堂教学的重点方向,有效发挥另外两个目标维度对重点目标维度的支持、辅助作用。重点维度可用"★"进行标注。"盐酸"一课的教学目标可表示如下:

知识与技能(★)

①知道工业制备氯化氢的方法。②理解用氯化氢做喷泉实验的原理,学会描述喷泉实验的现象。③理解氯化氢的溶解性和盐酸的酸性。

过程与方法

①通过分析实验室制备氯化氢的反应原理,归纳"含液"加热型发生装置的使用要求。②通过制备氯化氢气体的学习,认识氯化氢气体的检验方法、尾气吸收的方法。

情感态度与价值观

通过对氯化氢气体尾气吸收等问题的讨论,感悟环境保护的重要性。

2. 提炼线索,统领整课

线索是指贯穿一堂课的教学思想、课程理念或教学发展的关系,体现教师授课纵向推进的思路。提炼教学线索,可从以下三个途径展开[①]:

途径一,提炼化学内容线索(也称知识线索)。一堂课中的化学知识在内容上常常呈现一定的逻辑关系(并列关系或递进关系)。途径二,提炼教学方法线索。教学环节中常常体现方法的要素或思想,或教学环节本身就是方法的组成部分。从教学环节的分析入手,可以提炼方法线索。途径三,提炼教育思想线索。科学家探究化学科学的生动故事、化学科学对人类作出的重大贡献、当地化工生产的工艺发展、不合理使用化学品对人类和环境造成的危害等,都可以成为提炼思想线索的重要素材。

---

① 毛东海.化学课堂有效教学的"线索"和"结构"[J].化学教育,2012(10):23-25.

"盐酸"一课中的知识线索是主要线索,是明线索,四个探究点在内容逻辑上呈递进关系:氯化氢的物理性质—氯化氢的化学性质—氯化氢的工业制法—氯化氢的实验室制法。同时,可以将"证据推理与模型认知"的核心素养作为一条方法线索、辅助线索和暗线索,贯穿整课教学的全程。由于盐酸的用途、工业生产等史实材料在本课中体现得不多,思想线索的提炼价值不大,所以略去。

3. 设计问题,形成结构

这里的问题是指有效问题,它是指教师在课堂中提出的,对落实本堂课的教学目标和培养学生的学习能力有不可或缺的作用和价值的问题。设计问题,一方面是为了精确定位教学重点,另一方面是为了形成教学的基本框架,即课堂结构。课堂结构分为纵向结构和横向结构。

教学设计时,一般先设计核心问题,形成纵向结构,再设计相关问题,形成横向结构。具体做法是:首先,从教学线索展开的教学内容选定若干探究点,从探究点中设计核心问题(即体现教学目标权重大,消耗教学资源多的问题),形成纵向结构。然后,从核心问题中设计相关问题(即为解决核心问题提供基础或从属于核心问题的问题)。① "盐酸"一课的课堂结构设计如下:

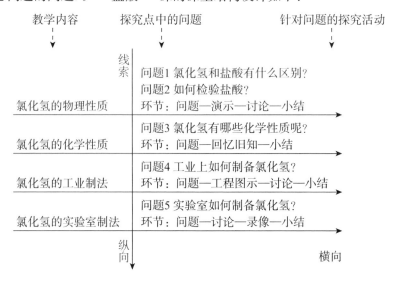

① 毛东海.试论化学课堂中"有效问题"的设计[J].化学教育,2011(10):22-23.

设计好的核心问题用"H"(拼音首字母)表示,如"H1"表示第一个核心问题;相关问题则用"H-数字"表示,如"H1-1",表示第一个核心问题下面的第一个相关问题。比如,"盐酸"一课中,第一个核心问题是"氯化氢的物理性质",可表示为"[H1]一、氯化氢的物理性质"。"[H1-1]氯化氢与盐酸的区别"和"[H1-2]如何检验盐酸"分别表示其后的两个相关问题。

4.设计环节,精炼方法

(1)设计环节①

笔者在"有效共识"中提出两类针对体现不同行为主体和教学功能的教学环节(也称教学范式),然后在实施环节后进行方法的总结和归纳。

第一类,引导—探究环节,体现教师主导,引领启发的主体功能。具体环节图示如下:

(注:1.环节总程序见图示中实线箭头指向;2.图示中虚线箭头表示中间三组环节可根据情况循环实施。"☆"表示关键环节。)

引导—探究环节中,行为主体是教师,关键环节是问题/思考和点拨/探究。其中的问题设计,已在前面设计好。为此,点拨的方式成为环节设计的内容和目标,点拨需要细化操作,明确具体教学行为。例如,"盐酸"一课中,针对"氯化氢和盐酸有何区别"的问题,点拨细节可设计为"问题—演示—讨论—小结";针对问题5的点拨细节设计为"问题—讨论—录像—小结"。

第二类,自主—探究环节,体现学生主体、自主学习的主体功能。具体环节图示如下:

① 毛东海.试论化学课堂"有效教学"和"环节"与"方法"[J].化学教学,2012(1):7-9.

自主—探究环节中,行为主体是学生,关键环节是提供素材/自主探究和启发归纳/交流讨论。此类环节要重点细化教师提供的素材类型及学生自主探究的学习方式。比如,"原电池"一课中,针对"原电池构成条件"的问题,提供素材/自主探究的细节可设计为"提供实验素材/小组自主活动"。

(2) 精炼方法[①]

方法是化学课堂有效教学的核心标志。化学学科中的方法可分为化学思想、学习策略、学习方法和解题技巧等四个层次。在教学设计时,首先,将方法总结好,形成严谨、精准、简约的文本或符号;然后,在教案的教学过程一栏中进行醒目标注,提醒方法的落脚点及内容。具体操作是:用符号"【方法】"进行落脚点提示;根据情况加注下画线"___",强化总结的内容。

下面是"盐酸"一课中,针对第四个核心问题"[H4]氯化氢气体的实验室制法"的方法总结及符号标注。

问题[H4] 4.氯化氢气体的实验室制法

问题[H4-1] (1) 原理

【方法】利用高沸点、难挥发性酸制取低沸点、易挥发性酸。实验室通常用氯化钠固体与浓硫酸发生复分解反应制取氯化氢气体:

$$NaCl(固) + H_2SO_4(浓) \xrightarrow{\text{微热}} NaHSO_4 + HCl\uparrow$$

$$2NaCl(固) + H_2SO_4 \xrightarrow{\text{强热}} Na_2SO_4 + 2HCl\uparrow$$

5.确定媒体,优化技术

确定媒体不是教学设计的核心内容,却是教学设计中不可忽视的因素,因为恰当使用媒体会对一堂课的效益产生重要影响。确定媒体,即确定本堂课是否需要且在多大程度上需要多媒体辅助,包括投影片制作、动画使用、视频播放等;是否需要化学实验、实物、图片或模型的支持,怎样支持;是否需要板示、画图等副板书的设计,如何布局等。

在"盐酸"一课中,需要的教学媒体有多媒体投影设备、PPT课件、氯化氢"喷泉"演示实验、实验室制备盐酸的装置示意图、实验室制备盐酸的实验视频、工业制备盐酸的工程图示等。

---

① 毛东海.试论化学课堂"有效教学"和"环节"与"方法"[J].化学教学,2012(1):7-9.

6. 撰写教案,标注要素

以上五个步骤都做好后,就进入撰写教案环节。撰写教案包括三项工作。第一项,根据教案的栏目撰写内容。教案栏目一般包括教学目标(三维)、重点和难点(重点必须有)、教学方法、教学环节(引导—探究环节或自主—探究环节)、教学结构、教学过程等。其中,教学目标的描述要力求规范、恰当,一是指描述的句式不仅要体现学生是行为主体,而且要规范使用《普通高中化学课程标准(2017 年版 2020年修订)》所规定的行为动词,要做到目标清楚、层次分明;二是指教学目标在 40 分钟课堂内能通过教师的主导作用和学生的主体学习得到落实和体现。第二项,在撰写好的教案上标注或表现"有效共识"的关键要素,即目标、线索、结构、问题、环节和方法等关键要素。第三项,检查教学环节在教学过程中的落实情况。比如,"盐酸"一课中第四个核心问题"实验室如何制备氯化氢",环节细节为"问题—讨论—录像—小结",那么在教学过程中要有相应的教学行为体现。

下面是教学过程中针对该问题的教学行为设计:

［H4］4. 氯化氢气体的实验室制法

［讨论］(1) 反应原理

【方法】<u>利用高沸点、难挥发性酸制取低沸点、易挥发性酸</u>,实验室通常用氯化钠固体与浓硫酸发生复分解反应来制取氯化氢气体。

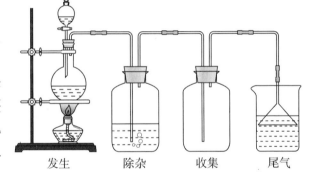

发生    除杂    收集    尾气

［讨论］(2) 发生装置

【方法】<u>"含液"加热型。</u>

［讨论］(3) 除杂装置

【方法】<u>除杂的试剂与被除杂的气体不发生化学反应。</u>

［讨论］(4) 收集装置

［讨论］(5) 尾气装置

［录像］氯化氢的实验室制法。

［小结］研究气体实验室制法的五个基本要素。

## 二、基于"有效共识"的教学课件的研发①

教学课件的研发是指 PPT 课件的设计和制作。通过课件的设计和制作,可以有效呈现共识的生动情景,为后续进一步开展有效教学活动打好基础。

1. 教学课件的设计和播放中蕴含的结构思想

"盐酸"一课的 PPT 稿简化成 10 帧,总体按制作顺序播放。从 10 帧投影片的内容安排中,我们体会到教学结构的元素包括教学的线索、结构、问题等。承载这些元素的投影片在教师指导和点拨下的播放过程中,会进一步显现结构思想及其对课堂教学的管理和促进作用。

第 1 帧                         第 2 帧

第 3 帧                         第 4 帧

①    毛东海.将"预案共识"转变为"教学现实"的教学技术的探讨[J].化学教学,2013(4):15-18.

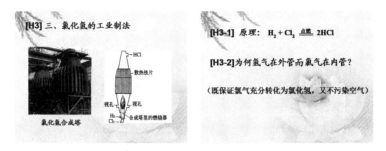

第 5 帧        第 6 帧

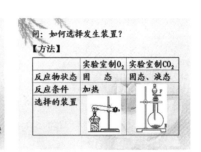

第 7 帧        第 8 帧

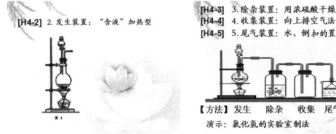

第 9 帧        第 10 帧

2. 在教学课件的结构和形式中体现共识的内涵

教学课件的操作者是教师,什么时候需要使用,首先播放哪一张投影片,什么时候插播录像,完全由教师个人意志决定。这就是多媒体的组织管理功能。在这种功能的操控下,教学设计中的线索、结构很容易彰显出来。另外,通过一些符号的设计和标记的标注,可以把问题的呈现序列及层次结构体现得十分清楚。

在 PPT 稿中的一级标题是"一、氯化氢的物理性质(第 2 帧);二、盐酸的化学性质(第 4 帧);三、氯化氢的工业制法(第 5 帧);四、氯化氢的实验室制法(第 7 帧)"。它们在教学内容的前后逻辑上呈递进关系。另外,本课中的化学知识都可以用实验或生产实践来证实,并总结形成一定的认知模型,所以隐藏着"证据推理与模型认知"的方法线索。例如,通过氯化氢喷泉实验、白雾现象等实验证据总结了氯化氢的颜色、状态、气味、溶解性等物理性质;通过实验视频的演示和讨论形成了实验装置的总结(发生装置—除杂装置—收集装置—尾气装置)等。

本课根据内容线索设计的四个核心问题,构成了本课的纵向结构,这些问题尽管没有以问句的形式出现在 PPT 稿中,但"H"字母的标注非常明显,完全可以想象教师在课堂上的问题呈现情景:"今天的课上,我们需要解决四个问题,分别是:氯化氢有哪些物理性质? 氯化氢具有哪些化学性质? 工业上如何生产氯化氢? 实验室如何制备氯化氢?"所以,为了板书的规范和简洁,核心问题不一定以问句的形式出现,但教师心中一定要十分清楚,并能在实际操作环节中进行及时的句式转变和重点强调。

从 PPT 稿看出,本课的横向结构由各个核心问题的相关问题及相应的探究活动构成,分别是:核心问题 1(即 H1 氯化氢有哪些物理性质)中的相关问题"H1-1 氯化氢与盐酸有什么区别"和"H1-2 如何检验盐酸"(第 3 帧);核心问题 2(即 H2 氯化氢具有哪些化学性质)中的探究活动[①与酸碱指示剂作用;②与活泼金属反应;③与某些金属氧化物反应;④与碱反应;⑤与某些盐反应(第 4 帧)]。核心问题 3(即 H3 氯化氢的工业制法)中的相关问题"H3-1 工业上生产盐酸的原理是什么"和"H3-2 工业上生产氯化氢,为何氢气在外管,氯气在内管"(第 6 帧);核心问题 4(即 H4 实验室如何制备氯化氢)中的相关问题"H4-1 实验室制备氯化氢的原理是怎样的""H4-2 发生装置是怎样的""H4-3 除杂装置是怎样的""H4-4 收集装置是怎样的""H4-5 尾气装置是怎样的"(第 8、9、10 帧)。PPT 稿中这样的问题设计和呈现方式,把一堂课的教学结构体现得淋漓尽致。

### 三、基于"有效共识"的配套练习的研发①

配套练习的研发主要是指针对每堂课的日常作业的设计。作业是学生巩固所学知识、发展思维能力的重要素材,是教师对学生进行学习过程管理的有效手段,也是教师用于检验教学效果、开展教学研究的重要途径。为此,我们研讨并达成了关于好作业的质量要求的思想共识,即作业设计的六个基本要求。

1. 好作业的前提条件——针对性

作业的针对性,即作业反映的学习内容和要求必须与上课的教学要求保持一致,相互呼应,相互配合。这是一份好作业的前提条件。只有这样才能真正起到巩固、强化上课内容,有目的地培养学生学习能力的作用。

2. 好作业的质量标志——典型性

作业的典型性,表现为作业对知识的表现情景比较新颖、合理,解题的要求比较明确,思维的起点及蕴含的逻辑推理过程比较能体现人的心理规律。化学作业的典型性,还特别体现在能帮助学生感受题目中蕴含的化学思想、典型的解题策略和方法,从而起到举一反三的作用。

3. 好作业的难度要求——分层性

分层性是指作业在能力要求上体现一定的差异性,不能在同一个平面上。都是容易题,会让学生掉以轻心,不重视;都是难题,会打击学生的学习兴趣和自信心。难度分层,也要照顾到不同基础和学习能力的学生群体。

4. 好作业的题型要求——多样性

一份作业的题型尽量做到选择题、填空题、简答题等多种题型相结合,在解答要求上既能体现客观、统一的标准,又能体现主观、个性的特点。同时,要关注高考改革对试题类型和要求发生的变化,要与时俱进。

5. 好作业的重要保障——科学性

一份高质量的作业中不应该有错误,特别是要力求避免科学性错误。作业的科学性还表现在文字描述要清晰、流畅,逻辑要缜密,不能有歧义。

---

① 邱立伟,毛东海."化学作业设计"的研究与实施案例[J].中学化学教学参考,2019(04):57-58.

6. 好作业的完成时间——20～30分钟

一份作业,怎样的量算合适,很难给出标准,但可从完成时间的多少来进行粗略规定。从化学学科的地位、特点和高中生的心理学"注意规律"角度分析,设定20～30分钟比较合适(心理学表明,高中生注意力维持时间一般在30分钟左右)。

下面是针对松江四中学生的"盐酸"一课的作业设计:

16世纪,利巴菲乌斯正式记载了氯化氢的制备方法。之后格劳勃、普利斯特里、戴维等化学家也在他们的研究中使用了盐酸。工业革命期间,盐酸开始大量生产。化学工业中,盐酸有许多重要应用。盐酸可用于酸洗钢材,也是大规模制备许多无机、有机化合物所需的化学试剂。全球每年生产约两千万吨盐酸。

一、选择题(只有一个正确答案)

1. 下列说法正确的是(　　　)。

(A) 氯化氢就是盐酸,分子式都为 HCl

(B) 氯化氢有酸性,能使干燥的蓝色石蕊试纸变红

(C) 氯化氢在潮湿的空气中形成白雾

(D) 氯化氢难溶于水

2. 某学生用 HCl 气体做喷泉实验,实验完毕后,发现喷入烧瓶中水的体积不足烧瓶容积的1/3。其原因可能是(　　　)。

(A) 用了大规格体积的烧瓶

(B) HCl 溶于水生成盐酸

(C) 用胶头滴管挤入的水太少

(D) 烧瓶内 HCl 气体未收集满,仍有大量空气

3. 除去氯化氢气体中的水蒸气,可通过(　　　)。

(A) 碱石灰　　　　　　　　　(B) 浓硫酸

(C) 固体氢氧化钠　　　　　　(D) 氧化钙

4. 把生锈的铁钉放入足量稀盐酸中,可能发生的反应(　　　)。

(A) 只有置换反应　　　　　　(B) 只有复分解反应

(C) 既有置换反应又有复分解反应　　(D) 既有置换反应又有分解反应

5. 实验室用于吸收氯化氢气体最好的装置是(　　)。

（A）　　　　　（B）　　　　　（C）　　　　　（D）

6. 可鉴别 $Na_2SO_4$、$AgNO_3$、$Na_2CO_3$ 三瓶无色溶液的试剂是(　　)。

（A）$BaCl_2$　　　　（B）$HNO_3$　　　　（C）$HCl$　　　　（D）$Ba(OH)_2$

二、填空题

1. 氯化氢气体是_____色_____气味的气体,若扩散到空气中会形成白雾,其原因是_____。它的水溶液叫_____,俗称盐酸。为防止污染环境,实验完毕,应把多余气体用_____吸收,吸收时应注意_____。

2. 工业上制取氯化氢所发生反应的化学方程式为_____,实验室采用_____和_____的方法来制取氯化氢,其化学方程式为_____。根据其反应物的状态,即_____态和_____态,以及反应条件为_____,实验室制取氯化氢的发生装置所用的仪器有_____。检验气体是否集满,可用_____放在集气瓶_____观察,若_____则表示已满。

3. 写出下列各反应的化学方程式:

（1）铁跟盐酸反应:_____。

（2）用稀盐酸除去铁锈:_____。

（3）服用含氢氧化铝的药片,用于中和人体内过多的胃酸(有效成分是盐酸):_____。

（4）用盐酸除去久盛石灰水的试剂瓶壁上的白色沉淀:_____。

4. 只用一种试剂鉴别下列三种无色溶液:$NaCl$、$AgNO_3$、$Na_2CO_3$。这种试剂是_____。有关反应的化学方程式:

（1）_____。

(2) ＿＿＿＿＿＿＿＿＿＿＿＿＿＿＿＿＿＿＿＿＿＿＿＿＿＿＿＿＿＿＿＿＿＿＿。

三、实验设计

请设计一个能证明氯化氢气体极易溶于水的简易实验,并画出装置图。

四、问题讨论(选做)

实验室用 NaCl 固体与浓 $H_2SO_4$ 共热制备 HCl 气体,若 NaCl 固体中含有少量 $Na_2SO_4$,对所制得气体的纯度是否有影响? 请说明原因。

[参考答案]

一、1. C;2. D;3. B;4. C;5. B;6. C

二、1. 无;有刺激性;氯化氢极易溶解于水;氢氯酸;水或 NaOH 溶液;防止液体倒吸

2. $H_2 + Cl_2 \xrightarrow{\text{点燃}} 2HCl$;NaCl 固体;浓 $H_2SO_4$;$NaCl + H_2SO_4（浓）\xrightarrow{\text{微热}} NaHSO_4 + HCl\uparrow$;$2NaCl + H_2SO_4（浓）\xrightarrow{\text{强热}} Na_2SO_4 + 2HCl\uparrow$;固;液;加热;酒精灯、圆底烧瓶、石棉网、铁架台(附铁夹、铁圈等);湿润的蓝色石蕊试纸;瓶口;试纸变红

3. (1) $Fe + 2HCl \Longrightarrow FeCl_2 + H_2\uparrow$

(2) $Fe_2O_3 + 6HCl \Longrightarrow 2FeCl_3 + 3H_2O$

(3) $Al(OH)_3 + 3HCl \Longrightarrow AlCl_3 + 3H_2O$

(4) $CaCO_3 + 2HCl \Longrightarrow CaCl_2 + CO_2\uparrow + H_2O$

4. 盐酸

(1) $AgNO_3 + HCl \Longrightarrow AgCl\downarrow + HNO_3$

(2) $Na_2CO_3 + 2HCl \Longrightarrow 2NaCl + CO_2\uparrow + H_2O$

三、略

四、没有影响,因为硫酸钠不会生成其他气体,只会生成硫酸氢钠;

$Na_2SO_4 + H_2SO_4（浓）\xrightarrow{\text{微热}} 2NaHSO_4$;

$NaCl + H_2SO_4（浓）\xrightarrow{\text{微热}} NaHSO_4 + HCl\uparrow$;

$NaHSO_4 + NaCl \xrightarrow{\text{强热}} Na_2SO_4 + HCl\uparrow$

# 成果九 "优质教育经验"异地移植之 实践案例研究

## 一、发展教学实践知识的案例研究

在化学课堂"有效共识"的异地移植研究中,我们组织松江四中的青年教师开展了教学实践知识的提炼研究,并形成了研究成果。目前,4篇论文均在《中学化学教学参考》(下半月刊)发表。鉴于篇幅有限,这里仅介绍文章的作者、名称和摘要(其中,案例1详见附录4)。

### 案例1 探索有效问题的层次化设计和结构化布局[①]

摘要:首先,提出了对有效问题内涵和功能的认识;其次,结合新授课、复习课两种课型,探讨了有效问题层次化设计的做法;最后,结合上述两种课型的实例,提出了有效问题结构化布局的几点策略。

### 案例2 经验再造:化学课堂教学线索提炼的实践研究[②]

摘要:首先,在审视已有教育经验的基础上,提出了对教学线索的再思考;在此基础上,探讨了再建教学线索的四个新视角;其次,根据不同的知识模块建立了设计教学线索的工作策略,并进行了案例分析;最后,略谈了研究的几点体会。

---

[①] 作者于滨发表于《中学化学教学参考》(下半月刊)2022年第6期。

[②] 作者李婉发表于《中学化学教学参考》(下半月刊)2022年第7期。

### 案例3 教学环节是教学过程的浓缩和精华
——我对化学学科教学环节的认识和设计的探索①

摘要:提出了对教学环节的理解和认识,阐述了教学环节的教学功能和设计原则;在此基础上,针对元素化合物、化学原理和概念、定量实验、有机化合物等四个知识模块,从新授课、复习课两个角度讨论了设计教学环节的基本范式,并进行了案例分析。

### 案例4 用课堂结构提升化学课堂的效益②

摘要:简介了课堂结构的基本观点;论述了化学课堂教学中设计课堂结构的基本策略;通过案例分析了不同知识模块课堂结构的基本类型。

## 二、自主运用"有效共识"的案例研究

在课题研究过程中,组织教师开展专题研究。一是深化对"有效共识"教育经验的认识和理解,培养运用经验的能力;二是体验将教育经验运用于课堂实践的过程,培养教学研究的方法和能力。下面是专题研究的作者、名称和成果摘要。(其中,案例5详见附录5)。

### 案例5 提高定量实验教学有效性的实践探索
——以"结晶水合物中结晶水含量测定"一课的教学实践为例③

摘要:课堂质量的提高是多因素共同作用的结果。本文通过案例实践,总结了如何利用教学线索、课堂结构、有效问题、教学环节、技术手段等五个要素来提高定量实验教学有效性的做法。

---

① 作者张延桥发表于《中学化学教学参考》(下半月刊)2022年第8期。
② 作者尹七星发表于《中学化学教学参考》(下半月刊)2022年第12期。
③ 作者李婉发表于《化学教与学》2018年第5期;职评论文A级。

**案例 6　聚焦薄弱学生群体提升化学课堂效益的三点做法**①

摘要：如何针对薄弱学生群体开展有效的化学学科教学，在长期的实践中笔者总结了三点做法，起到了实效。第一，借助教育技术，充分揭示知识发生、发展的过程；第二，联系生活经验，充分激发课堂学习的兴趣和热情；第三，总结操作要点，培养发展知识迁移、情景运用的方法和能力。

**案例 7　依托四层级内容设计融入核心素养培养契机**
　　　　——以高一化学《氨》的教学设计及课堂实践为例②

摘要：提出了四层级内容设计的内涵，论述了四层级内容中融入核心素养的培养契机；在此基础上，以高一化学《氨》一课为例，谈了具体的实践操作，并总结了实践效果。

**案例 8　抓住实践三要素，培养化学学科核心素养**③

摘要：对"问题、环节、方法"提出了自己的理解和认识；以高一化学"探究影响化学反应速率的因素"一课为例，总结了立足实践三要素培养化学学科核心素养的做法。

**案例 9　高二化学合格考专题复习教学模式的探索与实践**
　　　　——以《硫及其化合物》的专题复习为例④

摘要：合格考专题复习建立合理的教学模式，有利于学生知识系统的形成、学习方法的获得，以及提高不同情境下解决问题的能力；同时，可以优化教学的过程，提高课堂教学的效果。

---

① 作者尹七星发表于《高中数理化》（下半月刊）2019 年第 9 期。
② 作者于滨发表于《高中数理化》（下半月刊）2019 年第 9 期；一级教师职评论文 A 级。
③ 作者张延桥发表于《高中数理化》（下半月刊）2019 年第 9 期。
④ 作者杜娟；一级教师，职评论文 B 级。

### 三、青年教师专业成长的案例研究

成长案例是课题的重要成果之一,目的是从成长案例中挖掘青年教师专业发展需要的信息。要求以叙事的形式撰写,记录专业成长中的困惑和发展提高的过程。案例主体部分要求从以下层面来展开:(1)备课层面;(2)听课层面;(3)上课层面;(4)校本课程研发层面;(5)专题研究层面。每个层面凸显遇到的瓶颈问题或困难,体现在备课组的集体智慧帮助下,特别是在"有效共识"观点的指导下,理解、顿悟或跃升的过程。下面是4位青年教师的案例成果(其中,案例10详见附录6)。

**案例 10　专业成长让我的生活充满了自信和快乐(杜娟)**

2016 年 9 月,我毕业于上海师范大学分析化学专业,虽不是师范科班出身,但我一直努力想成为一名优秀的人民教师。怀着理想与热情,我进入松江四中,担任高中化学教学及班主任工作。作为一名青年教师,回顾三年的成长之路,离不开同事的关心与帮助。特别幸运的是,参加工作的第二年,恰逢特级教师毛东海来我校指导工作。在毛老师的指导下,我们对课堂教学进行了探索与实践,不仅教学效果取得了显著进步,而且撰写的论文也获得职评论文鉴定 B 级。专业成长让我的生活充满了自信和快乐。

**案例 11　逼出专业成长的精彩(李婉)**

我是一名化学专业的硕士研究生,2010 年进入松江四中担任高中化学教师,至今已是第 8 年。工作的前几年,由于身体原因,经常请假,耽误了我对教育生涯的规划,碌碌无为。幸好,在工作第七年时上海市特级教师毛东海来我校支教,在榜样的鞭策和督促下,"逼"自己专心于日常教学工作,细心观察与思考教育教学中的问题,认真阅读教育教学理论专著,同时还"逼"自己在每次公开课后,将自己的所感、所思写出来,为我的教师专业发展提速。

三年来,通过"有效共识"理论的学习和应用,我在教科研方面取得不少收获,如获得松江区第五届"教坛新秀"称号;松江区学校教育科研成果二、三等奖;在《化学教与学》《松江教育》等杂志上发表多篇学术论文;在松江区二期课改专题网上发表多篇文章;获得松江区中青年教师中学化学学科教学评比二等奖、区中学化学教师实验能力大赛三等奖、区课堂教学案例评比三等奖等荣誉。

## 案例 12   问题·诊断·发展
### ——记我在特级教师指导下的专业成长(张延桥)

毛东海老师的"有效共识"观点,充分考虑了实践中的问题,并提出解决方案;同时,针对化学教学的备课、上课等做了详尽的阐述。这为我解决教学中的不足提供了"良方",也为高效率备课、上课打下了坚实的基础。

例如,在"影响化学平衡移动的因素"一课中,探究浓度对平衡移动的影响,原先只注重纵向结论的得出。在"有效共识"观点的支持下,我对横向问题进行了层层递进设计。例如,对反应 $3KSCN + FeCl_3 \rightleftharpoons Fe(SCN)_3 + 3KCl$,我会考虑:①增加 $KSCN$ 浓度,有何现象? 平衡朝哪个方向移动? ②增加 $FeCl_3$ 浓度,有何现象? 平衡朝哪个方向移动? ③根据现象能得出什么结论?

"有效共识"的观点引领我思考围绕一个探究点各方面的问题,使我的教学从只注重结论转为注重过程,从而使教学过程更符合学生思维发展的特点。

## 案例 13   我的困惑与发展:一位青年教师的成长之路(于滨)

要想成为一名优秀教师,除了用扎实的教学能力上好课外,也要具备一定的教学研究能力。在教学研究方面,撰写文章是重要的一个方面。

2017 年暑假,我完成了教学论文《抓住实践"三要素",培养化学学科核心素养》,这是我走上教师工作岗位以来第一次撰写的教学论文。写之前,在阅读相关参考文献时我顿然发现,这和硕士学习期间做的专业论文差别其大,各种困惑接踵而来。比如,如何选择课题? 论题怎么确定? 论文框架如何搭建? 如何行文? 等等。自从上海市特级教师毛东海来我校支教后,在课余时间、放学后、走路时,甚至在餐厅用餐时,只要有空闲,毛老师会不厌其烦地给我指导。经过耳濡目染后,以上困惑逐渐解决。此外,毛老师的几次精彩讲座也使我受益匪浅。目前,在毛老师的指导下,我已完成了两篇教学论文,分别发表在《高中数理化》《中学化学教学参考》杂志上,这为我的化学教学生涯增添了浓重和精彩的一笔。

## 四、静安区"515 工程"化学学科实训基地的案例研究

为了促进教龄在 5～15 年的青年教师的专业成长,静安区教育局在 2022 年

组织评选了一批以特级教师、正高级教师为主持人的学科实训基地,为以上年龄段的青年教师搭设专业发展的平台。笔者有幸成为唯一的化学学科实训基地的主持人。为此,近两年来对来自七所学校的八位学员,依托教育经验异地移植的运行机制、对话机制,开展了针对"有效共识"教育经验的移植研究,取得了显著成效。下面是八位学员区公开课的教学设计:

### 案例 14  中考专题复习:废液再探究①

一、设计思想

以实验操作考中留下的实验废液作为真实情境,开展探究活动,从而串联起"酸、碱、盐的化学性质""混合物成分检验""共存思想""除杂转化思路"等复分解反应的应用,并强化实验探究的一般思路和方法。

二、教学目标

1. 通过设计实验和探究活动,检验实验操作考后留下废液的成分,复习混合物中成分检验的基本要求,培养设计实验和实验操作的能力。●科学思维/化学观念【证据推理】〈实验观〉

2. 通过开展废液中滴加碳酸钠溶液的实验探究和对混合液 pH 及溶液总质量变化过程的图像绘制,培养学生"宏—微—符"三重表征的学科素养,发展学生数形结合的研究方法和学习能力。●科学探究与实践/科学思维/科学态度【图示模型】【证据推理】

3. 通过对废液处理的讨论,理解化学与社会、技术和环境的关系,渗透绿色化学理念,培养责任担当意识。●科学态度与责任『环保观念』『系统兼顾』

(注:本课中重点落实的方法内容用【】表示,观念内容用"〈〉"表示,文化内容用"『』"表示。)

三、重点和难点

1. 重点:在任务驱动下学会设计、优化和实施方案,培养证据收集、分析和推理的学习能力。

---

① 上海市市北初级中学,陈鹂怡。由本案例撰写的论文《中考复习课:"废液"再探究》发表于《中学化学教学参考》(上旬刊)2024 年第 9 期。

2. 难点:以定性实验与定量实验为载体,开展自主学习活动,培养图像分析与实验探究的能力。

四、教学范式:自主—探究

五、结构、线索和方法

1. 课堂结构

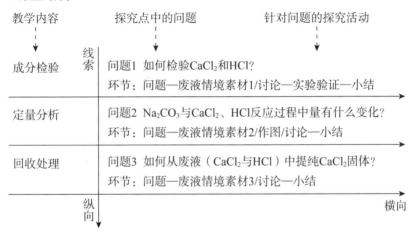

2. 教学线索:除了知识线索外,针对 pH 及溶液总质量的图像分析和科学探究的步骤是方法线索。

3. 学习方法:化学实验探究活动的一般思路(提出问题,形成假设—设计并进行实验,获取证据—分析解释数据,形成结论—反思交流)。

六、教学过程

| 探究点 | 教师行为 | 学生行为 | 设计意图 |
|---|---|---|---|
| 成分检验 | [引入]同学们,上周末大家参加了实验操作考试,其中一组试题是固体 Y 是否含有碳酸盐。实验结束后,这些废液被集中回收。今天这节课,我们对这个实验废液进行再探究。<br>[问题 1] 如何检测废液中的成分? | 看照片、看视频,回忆。 | 创设情境,激发学生的学习兴趣和探究欲望。 |

（续表）

| 探究点 | 教师行为 | 学生行为 | 设计意图 |
|---|---|---|---|
| 成分检验 | ［废液情境素材 1/讨论］废液中含有 HCl 和 $CaCl_2$，请大家讨论一下，如何用一种试剂检测这两种溶质？<br>［实验验证（教师演示）］测定 pH。<br>［实验验证（学生实验）］以小组为单位，往样品中不断加入碳酸钠溶液。要求：每次加入一滴管，用玻璃棒充分搅拌，观察现象，并测定混合液的 pH。将实验结果记录在学案上，并描点绘制图像。<br>［讨论］1.每段发生什么化学反应？2.pH 如何变化？3.图像上有一些关键点，其溶质成分是什么？<br>［小结］产生气泡是因为碳酸钠和氯化氢反应，从 pH 小于 7 逐渐变为 7；随后，碳酸钠和氯化钙反应，生成碳酸钙白色沉淀，pH 持续等于 7；完全反应后碳酸钠溶液过量，pH 大于 7，最后趋于平稳。<br> | 思考、交流。<br><br>观察实验现象。思考、交流，实验，记录现象，不断测定 pH 并记录、绘制曲线。<br><br><br><br>交流分析。 | 通过方案讨论，培养学生实验设计的能力。<br>通过小组实验，培养学生实验操作的能力、"宏—微—符"三重表征的学科素养和合作探究的科学精神。<br><br><br>通过图像绘制，培养学生数形结合的研究方法和科学思维、证据推理的能力。 |
| 定量分析 | ［问题 2］添加碳酸钠溶液后，废液的质量会发生什么变化？<br>［废液情境素材 2/作图］随着碳酸钠溶液的加入，废液缸中的溶液质量发生了改变，请大家画出"以碳酸钠溶液质量为横坐标，溶液质量为纵坐标"的图像。<br>［讨论］起点位置？变化趋势？变化幅度（斜率）？ | 定量分析。<br><br><br>作图交流。 | 通过溶液质量变化图像的讨论和描绘，强化科学探究的思维过程，进一步凸显数形结合研究方法的价值；同时，培养学生敢于质疑、批判和追求真理的精神。 |

（续表）

| 探究点 | 教师行为 | 学生行为 | 设计意图 |
|---|---|---|---|
| 定量分析 | ［小结］经过全班讨论,最后达成共识:学生③作出的图像是合理的。<br><br>溶液质量/g　①　③　②　0　AB段　BC段　CD段　碳酸钠溶液质量/g | | |
| 回收处理 | ［问题3］如何回收处理废液,甚至"变废为宝"?<br>［废液情境素材3/讨论］废液内含有强酸(HCl),随意排放会导致环境污染。而废液中的氯化钙又有很多用处(融冰剂、干燥剂等),如何实现"变废为宝",从废液中得到氯化钙固体?<br>［小结］通过讨论,最终确定方案二是最佳方案,即加入过量碳酸钙,将溶液中的多余盐酸转变为氯化钙,然后过滤、蒸发。<br>总之,设计的方案要考虑节能、安全、环保、操作便捷等因素。需要全面分析、系统兼顾。 | 思考、讨论、交流。<br><br><br>听讲,感悟。 | 培养对"科学、技术、社会、环境"相互关系的认知,树立人与自然和谐共生的思想观念。 |

七、板书设计

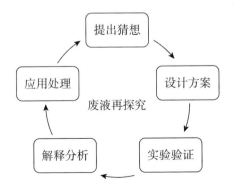

**案例 15　不饱和烃中碳原子的成键特点**①

一、教学目标

1. 通过分子模型的搭建和化学符号的表征,认识乙烯、乙炔和苯环的分子结构,了解有机化合物中不饱和碳原子的成键方式与结构特点,强化"结构决定性质"的学科观念。●宏观辨识与微观探析〈微粒观/结构观〉【宏—微—符/对比研究】

2. 通过阅读资料,理解有机化合物不饱和程度的量化标准——不饱和度,建立不饱和度计算的模型,体会使用模型研究物质结构的方法。●证据推理与模型认知【计算模型】

3. 通过化学史话实验证据,感受苯分子结构的认识发展过程,培养科学探究与创新意识的核心素养。●科学探究与创新意识【对比研究】『科学精神』

(注:本课中重点落实的方法内容用【】表示,观念内容用"〈〉"表示,文化内容用"『』"表示。)

二、重点和难点

1. 重点:乙烯、乙炔和苯分子的结构。

2. 难点:不饱和度概念的理解及苯分子结构的确定。

三、教学范式:引导—探究

---

① 上海市彭浦中学,江小枝。

四、结构、线索和方法

1. 课堂结构

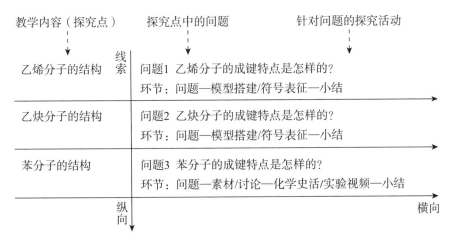

2. 教学线索:除了并列关系的知识线索之外,将"宏—微—符"三重表征作为一条方法线索贯穿教学全程。

3. 学习方法:模型方法、典型研究、对比研究。

五、教学过程

| 教学内容 | 教师活动 | 学生活动 | 设计意图 |
|---|---|---|---|
| 乙烯分子的结构 | [引言]上节课我们学习了石油裂解气的主要成分是乙烯,煤化工产品中含有乙炔。本节课我们一起来学习不饱和烃中碳原子的成键特点。 | 倾听。 | 温故知新,从烷烃的结构特点和石油化工、煤化工引出乙烯和乙炔。 |
| | [问题1]一、乙烯分子的成键特点<br>[模型搭建]请大家在乙烷($C_2H_6$)分子球棍模型的基础上搭建乙烯($C_2H_4$)分子的球棍模型,思考乙烯中碳原子如何满足四价原则。 | 搭建乙烯分子的球棍模型。 | 通过球棍模型的搭建和结构式的书写,感受宏观物质与微观结构的联系。 |
| | [符号表征]将球棍模型中的球改写成对应的原子,棍改写成化学键就可以写出有机物对应的结构式,在表格中写出乙烯的结构式、结构简式、电子式。 | 填表,互相补充。 | ●宏观辨识与微观探析(微粒观/结构观) |
| | [小结]乙烯分子中存在碳碳双键,6个原子共面。即平面结构;键角120°。 | 倾听,记录。 | |

（续表）

| 教学内容 | 教师活动 | 学生活动 | 设计意图 |
|---|---|---|---|
| 乙炔分子的结构 | ［问题2］二、乙炔分子的成键特点<br>［模型搭建］请大家在乙烯分子模型的基础上搭建乙炔（$C_2H_2$）分子的球棍模型。思考乙炔中碳原子如何满足四价原则。<br>［符号表征］在表格中写出乙炔的结构式、结构简式、电子式。<br>［小结］<br>1. 乙炔空间构型：4个原子处在同一直线上。即直线结构；键角180°。<br>2. 碳碳双键和碳碳三键称为不饱和键，形成不饱和键的碳原子称为不饱和碳原子，含有不饱和键的烃叫不饱和烃。 | 思考。<br>搭建乙炔分子球棍模型。<br><br>填表，互相补充。<br><br>倾听，记录。 | 通过球棍模型的搭建和结构式的书写，感受宏观物质与微观结构的联系。<br>●宏观辨识与微观探析〈微粒观/结构观〉 |
| 苯分子的结构 | ［问题3］三、苯分子结构特点<br>［素材/讨论］下面是不饱和度（Ω）的计算方法：<br>$$\Omega = \frac{2n+2-m}{2}$$<br>式中的 $n$ 是碳原子个数，$m$ 是氢原子个数。<br>请大家推测乙烯、环丙烷、苯的不饱和度，并进一步推测苯分子中可能存在的结构？ | 阅读资料，理解不饱和度的概念。<br><br>计算、推测不饱和度：<br>$$\Omega = \frac{2n+2-m}{2} =$$<br>$$\frac{14-6}{2} = 4$$ | 建立不饱和度的计算模型，为分子结构的推测做好铺垫。<br>●证据推理与模型认知【计算模型】 |
| | ［化学史话］1865年，德国化学家凯库勒（1829—1896）提出了单双键交替的平面结构（ ），称为凯库勒式。这个结构无法解释苯的某些化学性质，但当时有很大影响，得到普遍使用，并沿用至今。 | 倾听史话。 | 通过对化学史的学习，体会化学家探索苯分子结构漫长、艰辛的历程。<br>●科学探究与创新意识『科学精神』 |

（续表）

| 教学内容 | 教师活动 | 学生活动 | 设计意图 |
|---|---|---|---|
| 苯分子的结构 | ［视频］乙烯使溴水、酸性高锰酸钾溶液褪色,苯不能。<br>［化学史话］1935 年,科学家詹斯,用 X 射线衍射法证明苯分子中碳碳键是介于单键和双键之间的特殊共价键,证实苯是平面六边形结构。<br>1988 年,美国 IBM 公司的科学团队利用扫描隧道显微镜,第一次拍摄到苯的单个环状影像。<br>2009 年,美国 IBM 公司的科学团队利用原子力显微镜给单个并五苯分子拍照。至此,苯结构的神秘面纱才算被真正揭开。<br>另外,大量实验证明,邻-二氯苯只有一种(),也再次否定苯环中单、双键结构的假设。<br>［小结］①分子中碳碳键是介于单键和双键之间的特殊的键;②平面正六边形结构,键角 120°。化学符号为: 或 ;空间填充模型: 。<br>［总结］认识物质的结构,既要借助感觉器官进行宏观辨识,又要借助模型手段进行微观探析,同时要运用化学符号进行揭示。这是我们学习有机化学的重要方法。 | 观看视频。<br><br>观看图片: <br><br><br><br><br>倾听、记录。 | 通过观看视频,感受苯与乙烯性质的差异,体会结构决定性质的学科观念。<br><br>●科学探究与创新意识【对比研究】〈结构观〉<br><br>落实核心知识,结构观。<br><br>强化教学线索,落实核心素养。 |

## 六、板书设计

| 代表物 | 乙烯 | 乙炔 | 苯 |
|---|---|---|---|
| 分子式 | $C_2H_4$ | $C_2H_2$ | $C_6H_6$ |
| 电子式 | H:C::C:H<br>　H　　H | H:C::C:H | / |
| 结构式 | | H—C≡C—H | |
| 结构简式 | $CH_2{=}CH_2$ | $CH{\equiv}CH$ | |
| 结构特点 | 平面结构;键角120° | 直线结构;键角180° | 平面结构;键角120° |

## 案例 16　共价分子空间结构的预测[①]

### 一、设计思想

通过学习价层电子对(简称 VSEPR)互斥理论模型,预测 $AB_n$ 型共价分子的空间结构,使学生对已有认知中 $CO_2$ 分子为直线形、$H_2O$ 分子为角(V)形、$NH_3$ 分子为三角锥形、$CH_4$ 分子为正四面体形等知识有更深刻的认识和理解,发展"宏观辨识与微观探析""证据推理与模型认知""科学态度与社会责任"等化学核心素养。

### 二、教学目标

1. 通过典型案例的讨论,初步认识价层电子对互斥理论,能运用 VSEPR 理论预测简单共价分子的空间结构。●证据推理与模型认知【典型研究】【模型方法】

2. 通过对共价分子空间结构的探究,形成运用模型解释宏观现象与微观结构的能力,提高学生的空间想象能力。●宏观辨识与微观探析【分类研究】【对比研究】

---

① 上海市久隆模范中学,孙静。本案例为静安区公开课交流资料。

3. 通过感受共价键理论模型的发展历史,体会不同模型理论的价值和局限,发展并培养学生崇尚科学、追求创新的科学精神。●科学精神与社会责任{化学史实观}『科学精神』

(注:本课中重点落实的方法内容用"【】"表示,观念内容用"{ }"表示,文化内容用"『』"表示。)

三、重点和难点

1. 重点:价层电子对互斥模型

2. 难点:(1)价层电子对数的计算;(2)运用 VSEPR 理论预测简单分子的空间结构。

四、教学范式:引导—探究

五、结构、线索和方法

1. 课堂结构

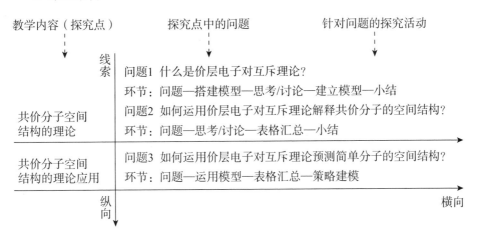

2. 教学线索:除递进关系的知识线索外,以"模型的建构与运用"作为一条方法线索贯穿教学全程。

3. 学习方法:模型方法、对比研究。

## 六、教学过程

| 教师活动 | 学生活动 | 设计意图 |
|---|---|---|
| [引言/图片] 价键理论的发展史。 | 倾听/观看。 | 感受科学家求真探实的精神。〖化学史实观〗『科学精神』 |
| [思考 1/讨论] 为什么 $CH_4$、$NH_3$ 和 $H_2O$ 中心原子的杂化方式相同,但共价分子的空间结构不同?<br>[讲述] 中心原子杂化方式相同,但分子空间结构不同,体现运用杂化理论预测结构的局限性。 | 对比 $CH_4$、$NH_3$、$H_2O$ 的电子式,再对照其球棍模型,运用分类、对比的方法,分析结构不同的原因。 | 发展"宏观辨识与微观探析"的核心素养。 |
| [H1] 一、价层电子对互斥理论(VSEPR 理论)<br>[H1-1] 价层电子对的空间结构<br>[提出问题] 当价层电子对数分别为 2、3、4 对时,怎样才能形成稳定的空间结构?<br>[搭建模型] 运用气球模型,模拟价层电子对的空间结构。<br>[小结]<br><br>| 价层电子对数 | 空间结构 |<br>|---|---|<br>| 2 | 直线形(180°) |<br>| 3 | 平面三角形(120°) |<br>| 4 | 正四面体形(109°28′) | | 思考。<br><br>搭建气球模型,探究不同价层电子对数的不同空间结构。 | 通过气球实物模型将抽象的价层电子对互斥模型具体化,分析价层电子对数与空间结构的内在关联。<br>● 证据推理与模型认知 |
| [H1-2] 价层电子对的空间结构与共价分子的空间结构的关系<br>[提出问题] $CH_4$、$NH_3$、$H_2O$ 的价层电子对数都为 4,都是正四面体形,为什么共价分子的空间结构不同?<br>[搭建模型] 搭建 $CH_4$、$NH_3$、$H_2O$ 价层电子对的空间结构模型和共价分子结构模型<br>[思考 2/讨论] 比较甲烷、氨气、水分子的键角大小,比较不同价层电子对相互间排斥力的强弱。<br>[小结]<br>① 孤电子对对成键电子对有排斥力。<br>② 一般孤电子对数越多,对成键电子对排斥力越大。 | 搭建 $CH_4$、$NH_3$、$H_2O$ 价层电子对的空间结构模型和共价分子的结构模型。<br><br>归纳、认识一般规律。 | 通过搭建活动理解价层电子对互斥模型的内涵。<br>● 证据推理与模型认知【对比研究】 |

（续表）

| 教师活动 | 学生活动 | 设计意图 |
|---|---|---|
| ［H1-3］计算价层电子对数<br>［提出问题］如何计算 $AB_n$ 型共价分子的成键电子对数和孤电子对数？<br>［思考3/讨论］计算以 $AB_n$（其中 A 为中心原子）型的分子的价层电子对数。<br>［建立模型］$AB_n$ 型分子价层电子对数的计算公式：<br>$AB_n$ 中 A 的价层电子对数<br>$=n+\dfrac{\text{A 的价电子数}-n\text{ 个 B 的单电子总数}}{2}$<br>　　成键电子对数（σ键电子对数）孤电子对数<br>［小结］价层电子对数＝成键电子对数＋孤电子对数。 | 计算价层电子对数。<br>公式推导。 | 通过讨论帮助学生理解 $AB_n$ 型分子价层电子对数的计算公式。【模型方法】 |
| ［H2］二、运用价层电子对互斥理论（VSEPR）解释空间结构<br>［提出问题］已知 $CO_2$ 为直线形分子，$BF_3$ 为平面正三角形分子，请运用所学模型，计算价层电子对数，并解释分子的空间结构。<br>［思考4/讨论］运用 VSEPR 理论解释 $CO_2$、$BF_3$ 的空间结构并填表<br>［表格汇总］<br><br>表格见下 | 解释 $CO_2$、$BF_3$ 的空间结构。<br><br>填写表格，互相补充。 | 指导学生运用价层电子对互斥理论解释简单的共价分子的空间结构，强化理解模型的意识和能力。<br>●证据推理与模型认知 |

表格（H2）：

| 分子式 | 成键电子对数 | 孤电子对数 | 价层电子对数 | 价层电子对空间结构 | 共价分子空间结构 |
|---|---|---|---|---|---|
| $CO_2$ | 2 | 0 | 2 | 直线形 | 直线形 |
| $BF_3$ | 3 | 0 | 3 | 平面正三角形 | 平面正三角形 |

［小结］

（续表）

| 教师活动 | 学生活动 | 设计意图 |
|---|---|---|
| [H3] 三、运用价层电子对互斥理论（VSEPR）预测空间结构<br>[提出问题] 通过学习已经能够解释常见共价分子的空间结构，那能不能用 VSEPR 理论来进行分子空间结构的预测呢？<br>[思考5/讨论] 预测 $SO_2$、$SO_3$ 的空间结构。<br>[运用模型] 运用 VSEPR 理论，计算 $SO_2$、$SO_3$ 的中心原子的价层电子对数并预测其分子结构。<br>[表格汇总] | 预测 $SO_2$、$SO_3$ 的空间结构。<br><br><br>填写表格，互相补充。 | 通过对陌生的 $AB_n$ 型分子的价层电子对数的计算和分子的空间结构的分析，强化运用模型解决实际问题的能力。<br>● 证据推理与模型认知 |

| 分子式 | 成键电子对数 | 孤电子对数 | 价层电子对数 | 价层电子对空间结构 | 共价分子空间结构 |
|---|---|---|---|---|---|
| $SO_2$ | 2 | 1 | 2 | 平面正三角形 | 角形 |
| $SO_3$ | 3 | 0 | 3 | 平面正三角形 | 平面正三角形 |

| 教师活动 | 学生活动 | 设计意图 |
|---|---|---|
| [策略建模]<br>运用价层电子对互斥（VSEPR）理论预测共价分子的空间结构方法模型：<br>第一步：计算中心原子价层电子对数。<br>第二步：确定相应的 VSEPR 模型。<br>第三步：略去孤电子对，确定分子空间结构。 | 感受认识、方法模型。 | 形成方法建模的具体步骤，深化模型认知的核心素养。 |
| [拓展] 等电子体原理<br>[举例] 第一代芯片半导体材料 Si、Ge，到第二代芯片砷化镓等，再到第三代芯片氮化镓，应用前景广泛。 | 感受等电子体原理在寻找特殊新材料方面起到的推动作用。 | 培养学生崇尚科学，追求创新的精神，发展"科学态度与社会责任"的核心素养。<br>『科学精神』 |

## 案例 17　电解饱和食盐水①

### 一、教学目标

1. 通过工业模型,建立实验室电解饱和食盐水的实验装置,认知电解饱和食盐水。●证据推理与模型认知

2. 通过电解原理的分析,理解电解饱和食盐水的工作原理。●宏观辨识与微观探析。●变化观念与平衡思想

3. 通过分析各种电解模型,理解工业生产如何做到又快、又多、又好。●科学探究与创新意识●科学态度与社会责任

### 二、重点和难点

重点:电解原理的分析方法。

难点:电解原理的分析方法。

### 三、教学范式:引导—探究

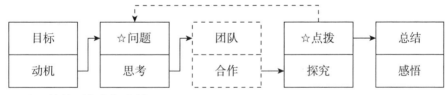

### 五、结构、线索和方法

### 1. 课堂结构

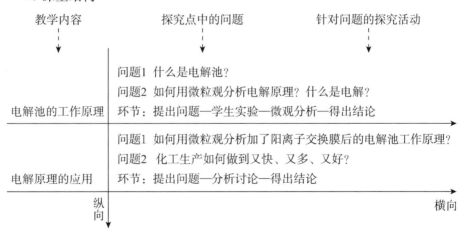

① 上海市市北中学,潘奋程。本案例为静安区公开课交流资料。

2.教学线索:除递进关系的知识线索之外,以"模型的建构与运用"作为一条方法线索贯穿教学全程。

3.学习方法:模型方法、宏—微—符对比研究。

六、教学过程

| 教学内容 | 教师活动 | 学生活动 | 设计意图 |
|---|---|---|---|
| [H1]一、电解池的工作原理 | [投影图片]<br><br>氢气、碱液出口　淡盐水、氯气出口　支承臂　离子交换膜　阳极　阴极　钛-钢复合板　浓盐水入口<br>[教师问题设计]<br>从图上你能分析得出原料和产品吗?<br>你觉得这样的反应有悖于常理吗?<br>这里为什么会有变化? 图上还有些什么? | 观察。<br>分析。<br><br>回答问题。 | 引入工业电解食盐水的模型。<br>●证据推理与模型认知 |
|  | [H1-1] 1.电解池<br>[趣味实验]电解饱和食盐水实验<br><br>正极　负极　铅笔芯　铅笔芯　培养皿<br>[实验步骤](略)。分工:两人实验,两人记录。<br>[教师问题设计]<br>阳极附近区域观察到什么现象? 生成了什么产物?<br>如何验证该气体?<br>阴极附近区域观察到什么现象? 生成了什么产物?<br>这个过程有能量的转化吗? 什么能转化为什么能? | 动手实验。<br><br>记录现象。<br><br>实验分析。 | 通过实验,认识电解过程并分析电解饱和食盐水的产物。 |

（续表）

| 教学内容 | 教师活动 | 学生活动 | 设计意图 |
|---|---|---|---|
| | ［结论］<br>把电能转化为化学能的装置称为电解池。 | 得出结论。 | ●证据推理与模型认知 |
| ［H1］一、电解池的工作原理 | ［H1-2］用微粒观分析电解原理，并把电解<br><br>转变为<br><br>［教师问题设计］<br>1.带电微粒是什么？<br>2.电子如何运动？<br>3.离子如何变化？<br>4.离子如何运动？<br>5.得出电解产物。<br>［学生边回答问题，教师边板书绘制］<br><br>［结论］1.电解池工作原理的分析方法，即回答上述5个问题。<br>2.我们把这样的由于电流通过电解质溶液而在阴、阳两极上引起氧化还原反应的过程称为电解。 | 学生在问题的引领下，从微观角度分析电解饱和食盐水的工作原理。 | 通过对教师设计的问题的回答，从微观角度分析电解饱和食盐水的工作原理。<br>●宏观辨识与微观探析<br>●变化观念与平衡思想 |

（续表）

| 教学内容 | 教师活动 | 学生活动 | 设计意图 |
|---|---|---|---|
| [H2] 二、电解原理的应用 | [H2-1] 如何用微粒观分析加了阳离子交换膜后的电解池工作原理？<br>应用1：加阳离子交换膜<br><br>应用2：阴极室换成水<br> | 学生利用上述实例，进行新情境下电解饱和食盐水的分析。 | 通过将原有模型变换情境，鼓励学生独立进行新情境下电解饱和食盐水的工作原理分析。 |
| | [H2-2] 电解如何做到又快、又多、又好？<br>[下面装置逐个出现，每个装置出现都回答如下问题]<br>这套装置在原来基础上做了哪些改进？有什么优点？<br>[产品质量要好，要纯净]<br> | [学生在与教师的互动交流中得出如下结论]<br>1. 连续提供 $H_2O$、$NaCl$ 并不断导出 $H_2$、$Cl_2$、$NaOH$ 和淡盐水，电解可以连续进行。<br>2. 两个电极之间的距离变近了。降低电解电压。<br>3. 电解质溶液少了，电解效率高了。 | 通过实验装置的改进，感受从实验室原理演变到工业生产需要经历不断改进的历程。<br>●科学探究与创新意识<br>●科学态度与社会责任 |

（续表）

| 教学内容 | 教师活动 | 学生活动 | 设计意图 |
|---|---|---|---|
| [H2] 二、电解原理的应用 | ［降低电解电压］<br><br>H₂O　饱和食盐水<br><br>［溶液体积变小，提升溶液利用率］<br><br><br>［单元串联，提升电解效率］<br><br><br>［交换膜放单元之间，便于更换］<br><br>阳离子交换膜　复极式电解单元　阳离子交换膜　复极式电解单元　阳离子交换膜 | 4. 串联起来效率更高。<br>5. 膜放在复极式电解单元之间，便于更换。 | |

（续表）

| 教学内容 | 教师活动 | 学生活动 | 设计意图 |
|---|---|---|---|
| ［H2］二、电解原理的应用 | ［工业模型的建立，并建厂生产］<br>**上海氯碱厂电解车间**<br><br>［结论］这样可以做到更快、更多、更好地出产品 | | |

## 案例18　金属的电化学腐蚀与防护
——大桥背后的秘密①

**一、教学目标**

1. 通过对港珠澳大桥钢结构电化学腐蚀模型的构建及原理探究，提升电化学实验探究设计的水平。●科学探究与创新意识【关系建模】

2. 通过对钢铁的电化学腐蚀与防护的分析，初步形成运用氧化还原反应原理解释、解决实际问题的能力。●证据推理与模型认知【图示模型】

3. 在科学探究过程中，不断形成关心社会、合理使用化学物质的观念，以及科学的自然观和严谨求实的科学态度。●科学态度与社会责任

**二、教学重点和难点**

（1）教学重点：探究钢铁电化学腐蚀的过程。

（2）教学难点：用原电池原理解释钢铁电化腐蚀的过程。

**三、教学范式：引导—探究**

| 目标 | ☆问题 | 团队 | ☆点拨 | 总结 |
|---|---|---|---|---|
| 动机 | 思考 | 合作 | 探究 | 感悟 |

---

① 上海大学市北附属中学，金晨。本案例荣获上海市中青年教师教学大奖赛一等奖。

### 四、结构、线索和方法

#### 1. 课堂结构

教学内容（探究点）　　　　　探究点中的问题　　　　　针对问题的探究活动

| | |
|---|---|
| 钢铁的电化腐蚀 | 线索<br>问题1 海洋会给桥梁钢结构带来怎样的影响？<br>环节：视频—绘制模型—学生实验—小结1<br>问题2 探究腐蚀过程中，正极发生什么反应？<br>环节：问题—推理—自主画装置—学生实验—演示实验—小结2<br>问题3 印度大桥为何被"口水"吞噬？<br>环节：案例讨论/讲解—演示实验—小结3 |
| 港珠澳大桥防腐法宝解密 | 问题4 如何确保港珠澳大桥百年的设计寿命？<br>环节：视频—讲解—画模型—小结4 |
| 腐蚀与防护的关系 | 问题5 腐蚀与防护存在怎样的关系？<br>环节：讲解—总结—作业布置 |

纵向　　　　　　　　　　　　　　　　　　　　　　　横向

#### 2. 教学线索

除了递进关系的知识线索外，建构认知模型是贯穿本堂课教学的方法线索。

#### 3. 学习方法

建立认知模型(关系模型/图示模型)。

### 五、教学过程

| 教学内容 | 教师活动 | 学生活动 | 设计意图 |
|---|---|---|---|
| [H1] 一、钢铁的电化学腐蚀 | [视频引言]港珠澳大桥东接香港，西接珠海、澳门，全程55千米。被英国《卫报》誉为"新世界七大奇迹"。<br>[问题1]海洋会给桥梁钢结构带来怎样的影响？<br>[视频]铁碳混合粉末遇到3.5%NaCl溶液后的延时摄像视频。 | [生]观看视频，回顾港珠澳大桥的建设奇迹。<br><br>[生]观看视频，对比实验前后铁碳混合粉末的变化。 | 创设真实的情境，感悟国家发展所带来的成就，激发学生的民族自豪感。 |

（续表）

| 教学内容 | 教师活动 | 学生活动 | 设计意图 |
|---|---|---|---|
| [H1] 一、钢铁的电化学腐蚀 | 【动手1】探究大桥腐蚀过程是否存在原电池反应。<br>【小结1】钢结构在伶仃洋海域中伴有原电池反应发生。<br>[问题2]探究在腐蚀过程中，正极发生什么反应？<br>[设问]正极附近谁得电子呢？（海洋中有 $Na^+$、$Cl^-$、$H_2O$、$O_2$ 等。）<br>[追问1]氧化剂得电子后，元素化合价将如何变化？<br>[边问边点拨]水中氢元素由+1价变为零价：$H_2O \rightarrow H_2 \uparrow$<br>水中氧元素由-2价变为零价：$H_2O \rightarrow O_2 \uparrow$<br>【画一画】请以小组为单位讨论，画出反应装置，以验证氧化剂是 $O_2$ 或 $H_2O$。教师做好评价。<br>【动手2】在腐蚀过程中，正极发生什么反应？<br>学生使用如下装置探究在腐蚀过程中正极发生了什么反应。<br><br>【演示实验】利用氧气传感器测定钢结构模拟环境下的腐蚀情况。<br>【小结2】<br>负极（铁）：$Fe - 2e \xrightarrow{\quad} Fe^{2+}$，氧化反应。 | [学生实验1]<br>$Fe - C$，$NaCl(aq)$ 构成了原电池。<br><br><br><br><br>[生答] 若水是氧化剂时，气体体积会变大。$O_2$ 是氧化剂时，气体体积会减小。可利用这一点判断正极附近谁得电子。<br><br><br><br><br><br>[生]画图、选2组交流方案。<br><br><br><br>[学生实验2]<br>[生答]现象：滴管中红墨水倒吸。结论：证明钢结构腐蚀过程中主要是 $O_2$ 氧化了铁粉。<br><br><br><br><br>[生]观察曲线的变化。 | 通过搭建原电池实验，培养学生利用模型的方法来进一步认识生活中不同的原电池反应。<br><br><br><br><br><br><br><br><br>通过实验装置设计，体验解决问题，获得科学知识的途径。培养学生创新精神和探究能力。<br><br><br><br><br><br>通过现代化分析技术，进一步证实学生的结论。体验微观探析技术手段的发展变化。 |

（续表）

| 教学内容 | 教师活动 | 学生活动 | 设计意图 |
|---|---|---|---|
| [H1] 一、钢铁的电化学腐蚀 | 正极(碳)：$O_2+2H_2O+4e^-\!=\!4OH^-$,还原反应<br>总反应：$2Fe+O_2+2H_2O\!=\!2Fe(OH)_2$<br>[讲解] 我们把钢铁在中性或弱酸性环境下,由于原电池反应而产生的腐蚀现象称为吸氧腐蚀。<br>【问题3】印度豪拉大桥为何被"口水"吞噬(钢铁析氢腐蚀原理的探究)？<br>【动动口】请结合环境,分析印度豪拉大桥被腐蚀的原因。<br>【演示实验】将电解质溶液换成 $3\ mol\cdot L^{-1}\ H_2SO_4\ (aq)$,观察到闹钟被点亮,说明酸性环境下钢铁仍然伴随着原电池反应。<br>【小结3】总反应：$Fe+2H^+\!=\!Fe^{2+}+H_2\uparrow$ | [生答] 可能是原电池反应,也可能是酸腐蚀了金属。<br><br>[生答/板书]<br>负极（铁）：$Fe-2e^-\!\rightarrow\!Fe^{2+}$<br>（氧化反应）<br>正极（碳）：$2H^++2e^-\!=\!H_2\uparrow$<br>（还原反应） | 诊断学生是否掌握分析吸氧腐蚀的方法和原理,并应用于析氢腐蚀的原理分析中。 |
| [H2] 二、港珠澳大桥防腐法宝解密 | 【问题4】从防腐角度,如何确保港珠澳大桥百年的设计寿命？(揭开钢结构防护原理)<br>[视频/讲解] 防腐法宝之一：高性能防腐涂层。<br>[视频/讲解] 防腐法宝之二：电化学防腐方法。<br>【小结4】将被保护的金属与活泼性强的金属相连,从而起到保护金属的方法称为牺牲阳极的阴极保护法。 | [生] 观看视频,感受金属防腐蚀的原理和方法。<br><br>[生] 因为铝比铁活泼。铝失去的电子给了铁,使铁被保护了下来。 | 通过与检测的比对,揭示港珠澳大桥防腐的方法。<br>培养学生利用模型分析问题的能力。 |

（续表）

| 教学内容 | 教师活动 | 学生活动 | 设计意图 |
|---|---|---|---|
| [H3] 三、腐蚀与防护的关系 | 【问题5】腐蚀与防护之间存在怎样的关系？<br>金属腐蚀是自然界中的普通现象。工程师正是综合水文、气象等环境因素，揭示了金属腐蚀是必然的、是有规律的。<br>金属防护则是人们依据设计要求，根据自然规律，应用所学知识和科学技术提高金属的抗腐蚀能力，促进社会发展和人类文明进步。 | ［生］聆听教师的讲解，感受大桥背后工程师的智慧和辛劳。 | 让学生从"主人翁"角度更好地为祖国发展而努力学习。 |

## 案例 19　离子反应和离子方程式①

一、设计思想

离子反应的核心概念能帮助学生从微观角度认识物质在水溶液中反应的实质。此外，通过对离子方程式书写要领的总结，进一步培养学生证据推理与模型认知的学科核心素养。

二、教学目标

1. 通过实验探究，理解离子反应的本质和条件，进一步强化从宏观、微观两个角度探究化学变化的思想方法。●宏观辨识与微观探析【宏—微—符】

2. 通过案例分析，掌握离子方程式的书写步骤和要领，进一步培养"证据推理与模型认知"的化学学科核心素养。●证据推理与模型认知【行为建模】【运用模型】〈变化观〉〈环保观〉

三、重点和难点

1. 重点：离子反应的本质、离子方程式的书写。

2. 难点：离子方程式书写的模型总结。

---

① 上海市久隆模范中学，孙梦田。本案例为静安区公开课上的交流资料。

四、教学范式:引导—探究

五、结构、线索和方法

1. 课堂结构

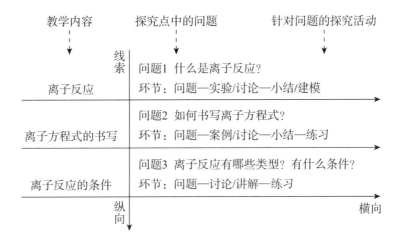

2. 教学线索:除了知识线索外,把建模思想作为方法线索贯穿整堂课的教学过程。

3. 学习方法:书写离子方程式之"写、拆、删、查"的行为模型。

六、教学过程

| 教学过程 | 教师行为 | 学生行为 | 设计意图 |
|---|---|---|---|
| [H1] 一、离子反应 | [演示实验](1)氢氧化钠溶液与盐酸反应;(2)硫酸铜溶液与氯化钠溶液反应;(3)硫酸钠溶液与氯化钡溶液反应;(4)硫酸铜溶液与氯化钡溶液反应;(5)碳酸钠溶液与盐酸反应。 [讨论/分析]反应前后各离子浓度的变化情况,并汇入下表。 | 观察实验现象,写出反应的化学方程式。 讨论分析并完成表格的填写。 | 通过对复分解反应实验的探究,引出离子反应和离子方程式的概念,引导学生从宏观现象思考离子反应实质。 |

（续表）

| 教学过程 | 教师行为 | 学生行为 | 设计意图 |
|---|---|---|---|
| [H1] 一、离子反应 | <table><tr><td>反应物</td><td>生成物</td><td>反应前溶液中浓度较大的离子</td><td>反应后溶液中浓度较大的离子</td><td>反应前后溶液浓度有明显变化的离子</td></tr><tr><td>① NaOH溶液与HCl溶液反应</td><td>NaCl H₂O</td><td>Na⁺ OH⁻ H⁺ Cl⁻</td><td>Na⁺ Cl⁻</td><td>OH⁻ H⁺</td></tr><tr><td>② CuSO₄溶液与NaCl溶液反应</td><td>/</td><td>Na⁺ Cl⁻</td><td>Na⁺ Cl⁻</td><td>/</td></tr><tr><td>③ CuSO₄溶液与BaCl₂溶液反应</td><td>BaSO₄↓ CuCl₂</td><td>Cu²⁺ SO₄²⁻ Ba²⁺ Cl⁻</td><td>Cu²⁺ Cl⁻</td><td>SO₄²⁻ Ba²⁺</td></tr><tr><td>④ Na₂SO₄溶液与BaCl₂溶液反应</td><td>BaSO₄↓ NaCl</td><td>Na⁺ SO₄²⁻ Ba²⁺ Cl⁻</td><td>Na⁺ Cl⁻</td><td>SO₄²⁻ Ba²⁺</td></tr><tr><td>⑤ Na₂CO₃溶液与HCl溶液反应</td><td>CO₂↑ H₂O NaCl</td><td>Na⁺ CO₃²⁻ H⁺ Cl⁻</td><td>Na⁺ Cl⁻</td><td>CO₃²⁻ H⁺</td></tr></table><br>［小结/建模］<br>1. 离子反应:有离子参加或生成的反应。<br>［讲解］酸、碱、盐在溶液中反应的实质是离子之间的反应。<br>2. 离子方程式:用实际参加反应的离子符号来表示反应的方程式。<br>［讨论/总结］写出上述反应的离子方程式。<br>$OH^- + H^+ = H_2O$<br>$Ba^{2+} + SO_4^{2-} = BaSO_4\downarrow$<br>$CO_3^{2-} + 2H^+ = H_2O + CO_2\uparrow$ | 记录笔记。<br><br>讨论、写出反应的离子方程式。 | ●宏观辨识与微观探析/模型认知 |
| [H2] 二、离子方程式的书写 | ［强调］<br>1. 离子方程式的意义:反映离子反应的实质;表示同一类型的离子反应。例如,"$Ba^{2+} + SO_4^{2-} = BaSO_4\downarrow$"表示可溶性钡盐和可溶性硫酸盐反应。<br>［讨论/小结］"$H^+ + OH^- = H_2O$"的意义。<br>注意:可溶性盐易被忽视。 | 思考:强酸和强碱溶液反应的本质。 | 通过对"$Ba^{2+} + SO_4^{2-} = BaSO_4\downarrow$"离子方程式的讨论,理解离子反应的实质。 |

（续表）

| 教学过程 | 教师行为 | 学生行为 | 设计意图 |
|---|---|---|---|
| [H2] 二、离子方程式的书写 | [案例/讨论] 碳酸钙与盐酸反应的离子方程式的书写过程。<br>2. 书写步骤和要领<br>第一步：写。正确书写化学方程式（包括配平）。<br>$CaCO_3 + 2HCl == CaCl_2 + CO_2 \uparrow + H_2O$<br>第二步：拆。把易溶于水的强电解质拆写成离子形式。<br>$CaCO_3 + 2H^+ + 2Cl^- == Ca^{2+} + 2Cl^- + CO_2 \uparrow + H_2O$<br>第三步：删。将不参加反应的离子从方程式两端删去。<br>$CaCO_3 + 2H^+ == CO_2 \uparrow + H_2O$<br>第四步：查。检查方程式两端各元素的原子数是否守恒、离子所带电荷数是否守恒。<br>[建模] 书写要领为写、拆、删、查。 | 书写离子方程式。<br><br><br><br><br><br><br><br><br><br><br><br><br>感受建构模型的过程：写、拆、删、查。 | 通过书写碳酸钙与稀盐酸反应的离子方程式，掌握书写要领和符号表达。<br>●证据推理与模型认知<br><br><br><br><br>【宏一微一符】<br><br>【行为模式】 |
| [H3] 三、离子反应的条件 | [讨论] 课本 60 页"书写表达"：判断下列离子反应能否发生，能发生的写出离子方程式。<br>(1) 硫酸与氢氧化钾。(2)碳酸钾与硝酸。(3)硫酸铜与氢氧化钠。<br>[小结/建模] 酸、碱、盐在溶液中发生离子反应的条件：生成难溶性物质、难电离物质或易挥发物质。<br>[思考] 溶液中的氧化还原反应(如置换反应)，如何用离子方程式表示呢?<br>[讨论] 铁和硫酸铜溶液反应。<br>[小结] $Fe + Cu^{2+} == Fe^{2+} + Cu$<br>[素材] 84 消毒液与洁厕灵混用可能会使人体中毒。<br>[讨论] 离子方程式：$ClO^- + 2H^+ + Cl^- == Cl_2 \uparrow + H_2O$<br>[巩固练习] 写出下列化学反应的离子方程式。 | 书写离子方程式。<br><br><br><br>感受思维建模的要点。<br><br><br>思考。<br><br>讨论。<br>观看视频。<br><br><br><br>讨论。<br><br><br>练习。 | 学生由熟悉的复分解反应迁移到新知识的学习，促进对离子反应条件的理解。<br><br><br><br><br><br><br><br>通过真实情境，解决真实问题，培养学生的变化观和环保观。<br>●证据推理与模型认知{变化观} |

（续表）

| 教学过程 | 教师行为 | 学生行为 | 设计意图 |
|---|---|---|---|
| [H3] 三、离子反应的条件 | （1）硫酸镁溶液跟氢氧化钡溶液反应：$SO_4^{2-}+Ba^{2+}\!=\!=\!=\!BaSO_4\downarrow$<br>（2）醋酸（HAc）和氨水反应：$HAc+NH_3\cdot H_2O\!=\!=\!=\!NH_4^{+}+Ac^{-}+H_2O$<br>（3）二氧化锰和浓盐酸反应：$MnO_2+4H^{+}+2Cl^{-}\xrightarrow{\triangle}Mn^{2+}+Cl_2\uparrow+2H_2O$<br>[总结] 本堂课教学要点。 | | |

## 案例 20　几种常见的盐[①]

一、教学目标

1. 通过实物展示,认识生活中几种常见的盐,如氯化钠、碳酸钠、硫酸铜,了解它们的性质及用途。●物质的性质与应用

2. 通过实验探究活动,掌握碳酸盐、硫酸盐、盐酸盐检验的基本方法。●科学探究与实践【实验探究的思路与方法】

3. 通过对盐的通性应用和反思完善,对生活中的化学现象进行解释,提高利用化学知识解决实际问题的能力,提升高阶思维能力。●科学探究与实践

3. 通过了解常见盐的用途,正确看待化学,培育社会责任感。●科学态度与责任

二、重点和难点

1. 重点:氯化钠、碳酸钠、硫酸铜的性质;检验碳酸盐、硫酸盐、盐酸盐的方法。

2. 难点:灵活运用三大酸根的检验。

三、教学环节:引导—探究

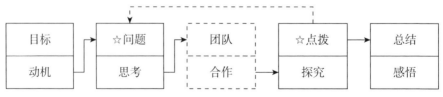

———————

① 上海市彭浦初级中学,马莉。本案例为静安区公开课上的交流资料。

四、结构、线索和方法

1. 课堂结构

2. 教学线索:除了内容线索之外,碳酸盐、硫酸盐、盐酸盐的检验策略是方法线索。

3. 学习方法:物质检验的一般思路与基本方法。

五、教学过程

| 内容 | 教师行为 | 学生行为 | 设计意图 |
|---|---|---|---|
| 一、氯化钠、碳酸钠、硫酸铜的性质与用途 | [引言] 厨房中我们经常会碰到一些物质,你是否知道这些物质的主要成分?<br>[投影、实物展示] 食盐、食用纯碱的照片。<br>[辨析]"食盐是盐,纯碱是碱"这句话是否正确?<br>[回忆] 盐:金属或铵根与酸根组成的化合物;碱:金属或铵根与氢氧根组成的化合物。<br>[过渡] 盐类物质在生活和生产中用途广泛,今天介绍几种常见的盐。 | [回答] 食盐是氯化钠,纯碱是碳酸钠。<br><br><br><br>[回答] 不正确。 | 通过实物、全名展示让学生简单认识生活中含常见盐的物质,激发学生学习化学的兴趣。<br>● 科学态度与责任 |

（续表）

| 内容 | 教师行为 | 学生行为 | 设计意图 |
|---|---|---|---|
| 一、氯化钠、碳酸钠、硫酸铜的性质与用途 | ［H1-1］盐酸根的检验<br>［演示实验1］取少量食盐观察颜色、状态；将其溶于水，观察现象。滴加石蕊，观察现象。<br><br>［布置任务］根据盐的化学性质推测氯化钠能与什么物质发生反应？请举例并用化学方程式表示。<br>【方法梳理】检验含盐酸根的物质，可以用硝酸银溶液。<br><br>［展示用途］重要的调味品；生理盐水；腌制食品（防腐）；氯碱工业的原料。<br>［H1-2］碳酸根的检验<br>［演示实验2］取少量食用纯碱观察颜色、状态；将其溶于水，滴加酚酞溶液。<br>［布置任务］根据盐的化学性质推测碳酸钠能与什么物质发生反应呢？请举例用化学方程式表示。<br>【方法梳理】检验碳酸根可以用酸、含钙/钡的碱、含钙/钡的可溶盐。<br><br>［展示用途］工业上用于玻璃、造纸、纺织、洗涤剂等生产；中和发酵馒头时产生的酸性物质。<br>［H1-3］硫酸根的检验<br>［演示实验3］取少量硫酸铜粉末，观察颜色、状态；滴加少量水，观察现象；将其溶于水，观察溶液颜色。 | ［观察、归纳］无色晶体，易溶于水。水溶液呈中性。<br><br><br>［回答］能与硝酸银反应。<br>$NaCl + AgNO_3 === AgCl\downarrow + NaNO_3$<br><br><br><br>［感受］化学与人类的密切关系。<br><br>［观察现象、归纳］白色粉末状固体，易溶于水。其水溶液呈碱性。<br>$Na_2CO_3 + 2HCl === 2NaCl + H_2O + CO_2\uparrow$<br>$Na_2CO_3 + Ca(OH)_2 === CaCO_3\downarrow + 2NaOH$<br>$Na_2CO_3 + CaCl_2 === CaCO_3\downarrow + 2NaCl$<br><br><br><br>［感受］化学与人类的密切关系。<br><br><br>［观察现象、归纳］<br>白色粉末，加少量水后变为蓝色晶体——硫酸铜晶体（胆矾），加入大量水形成蓝色溶液。 | 通过实验探究活动复习盐的性质，掌握检验常见盐的原理和方法，感悟化学与人类的密切关系。<br><br><br><br><br><br><br><br><br><br>●科学探究与实践<br><br><br><br><br><br><br><br>【实验探究的思路与方法】<br><br>●物质的性质与应用<br><br>●科学探究与实践 |

（续表）

| 内容 | 教师行为 | 学生行为 | 设计意图 |
|---|---|---|---|
| 一、氯化钠、碳酸钠、硫酸铜的性质与用途 | ［布置任务］根据盐的化学性质推测硫酸铜能与什么物质发生反应呢？请举例并用化学方程式表示。<br><br>［展示用途］检验水，制波尔多液（果树杀虫剂）；湿法炼铜。<br>【方法梳理】检验硫酸根离子可以用可溶的钡盐，如 $BaCl_2$ 或 $Ba(NO_3)_2$ | $CuSO_4 + 5H_2O \rightleftharpoons CuSO_4 \cdot 5H_2O$<br>$CuSO_4 + Fe \rightleftharpoons FeSO_4 + Cu$<br>$CuSO_4 + 2NaOH \rightleftharpoons Cu(OH)_2 \downarrow + Na_2SO_4$<br>$CuSO_4 + BaCl_2 \rightleftharpoons BaSO_4 \downarrow + CuCl_2$<br>［感受］化学与人类的密切关系。 | ●物质的性质与应用<br><br>【实验探究的思路与方法】 |
| 二、碳酸根、盐酸根的检验 | ［H2］如何鉴别氯化钠和碳酸钠<br>［讨论实验方案］在整理厨房时发现了一包没有标签的粉末，可能是食盐或食用纯碱，我们该如何鉴别？<br>［提示］利用酸根的不同。<br>［教师指导修改方案］可以用硝酸银溶液鉴别吗？<br>【方法梳理】碳酸根的存在会影响盐酸根的检验，应优先检验碳酸根。 | ［设计实验方案］<br>1.滴加稀盐酸；2.滴加氯化钡/硝酸钡溶液；3.滴加氢氧化钡/氢氧化钙溶液；4.滴加酚酞溶液。<br><br>［回答］不行，碳酸银也是白色沉淀，无法区分。 | 通过实验方案的设计和反思，提高利用化学知识解决实际问题的能力，提升高阶思维能力。<br>●科学探究与实践<br><br>【实验探究的思路与方法】 |

（续表）

| 内容 | 教师行为 | 学生行为 | 设计意图 |
|------|---------|---------|---------|
| 三、酸根检验的综合应用 | ［H3］如何逐一鉴别碳酸钠、硫酸钠和氯化钠？<br>［布置任务］有一瓶无色溶液，里面可能含有碳酸钠、硫酸钠和氯化钠，如何将它们逐一检验出来呢？<br>［提示］酸根之间的检验会相互干扰，注意检验的先后顺序。<br>［小结］<br>碳酸钠 ⟶ 硫酸钠 ⟶ 氯化钠<br>Na₂CO₃　　Na₂SO₄　　NaCl<br>加足量稀HNO₃　加足量Ba(NO₃)₂　加AgNO₃<br>作用：　　作用：　　作用：<br>检验并除尽Na₂CO₃　检验并除尽Na₂SO₄　检验NaCl | ［学生］讨论、交流。 | 通过师生讨论和反思，提高利用化学知识解决问题的能力，提升高阶思维能力。<br>●科学探究与实践 |

## 案例21　二氧化碳的性质①

一、教学目标

1. 通过课堂讨论和实验探究，掌握二氧化碳的物理性质和化学性质，培养设计实验方案的能力、动手操作的能力和分析推理的能力。●科学态度/科学探究与实践/化学观念

2. 通过对二氧化碳性质及用途的分类，建立性质和用途的关系，培养学生构建知识结构和思维体系的能力。●证据推理和模型认知

3. 通过对社会热点问题的讨论，理解化学与社会、技术和环境的关系，渗透绿色化学理念，培养责任担当意识。●科学精神和社会责任

二、重点和难点

1. 重点：二氧化碳的化学性质。

2. 难点：运用观察发现、实验探究等方法研究物质的性质；运用所学知识解决实际问题。

---

① 上海市向东中学，柳悦。本案例为静安区公开课上的交流资料。

三、教学范式:自主—探究

四、结构、线索和方法

1. 课堂结构

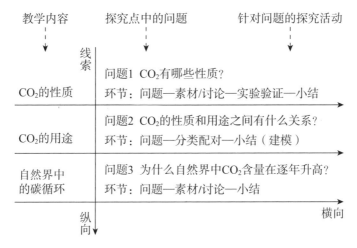

2. 教学线索:除了递进的知识线索外,科学探究的一般思路(作出假设—实验验证—得出结论)是方法线索。

3. 学习方法:分类研究。

六、教学过程

| 教学内容 | 教师活动 | 学生活动 | 设计意图 | 体现素养 |
| --- | --- | --- | --- | --- |
| $CO_2$ 的性质 | [引入] 习近平总书记在党的二十大报告中强调:"力争 2030 年前实现碳达峰,2060 年前实现碳中和。"这里的碳指什么? | 思考。 | 在国家政策导向中融入社会责任的教育契机,引出学习主题。 | 社会责任。 |

（续表）

| 教学内容 | 教师活动 | 学生活动 | 设计意图 | 体现素养 |
|---|---|---|---|---|
| CO₂的性质 | ［问题1］CO₂有哪些性质？ | 思考、交流。 | 通过磁贴梳理学生已有的二氧化碳的知识。 | |
| | ［素材/创设情境］展示魔幻冰——"干冰"，并把它放入四周围着蜡烛的盛有水的烧杯中。<br>［追问］根据这些现象推测CO₂可能具有哪些性质？<br>［素材/干冰资料库］刚才观察到的哪些现象可能与干冰的性质有关？ | 思考并观察现象：白雾，下沉，温度低，水中有气泡，固体溶解，蜡烛熄灭等。<br><br>思考，阅读信息并找出相关现象所反映的干冰的性质。 | 观察、分析实验现象，推断性质。<br><br>锻炼学生自主阅读资料和查找关键信息的能力。 | 变化观念<br>证据推理 |
| | ［实验验证（学生实验）］组织学生以小组为单位，讨论实验方案并完成实验验证（二氧化碳与水反应，以及密度大于空气的密度、不可燃、不助燃）。<br>［实验验证（教师展示）］①利用pH传感器进行定量测量。②用石灰水检验汽水中二氧化碳气体。<br>［小结］二氧化碳的性质。 | 交流讨论，设计实验方案，团队合作开展实验探究活动。<br><br><br>观察实验现象。 | 通过实验，培养学生证据意识，帮助学生建立结论和证据之间的逻辑关系。<br><br>使学生体会由定性研究到定量研究的研究方法。 | 科学探究<br>创新精神<br>宏观辨识<br>微观探析 |
| CO₂的用途 | ［问题2］CO₂的物理性质、化学性质和用途之间有什么关系？<br>［小结］性质决定用途，用途反映性质。 | 移动磁铁，形成知识结构。 | 进一步强化分类观，发展模型建构方法，体现学科思想。 | 模型认知 |

（续表）

| 教学内容 | 教师活动 | 学生活动 | 设计意图 | 体现素养 |
|---|---|---|---|---|
| 自然界中的碳循环 | [素材] 展示碳循环及 $CO_2$ 逐年变化的图片。<br>[问题 3] 什么原因导致大气中 $CO_2$ 的含量逐年升高?<br>[小结] 化石燃料的使用是引起温室效应的主要原因。 | 观察图片。<br>讨论、分析交流。 | 锻炼学生从图像中提取信息、加工信息的能力。 | 社会责任<br>科学精神<br>辩证思想 |
| | [讨论] 如果你是环保科学家,为实现碳中和目标会采取哪些措施?<br>[小结]<br>1. 减排;<br>2. 吸收捕集。 | 讨论交流,强化节能意识,巩固 $CO_2$ 的性质。 | 通过已学知识解决实际问题,让学生感受到化学就在身边,增强对社会、环境问题的关注意识。 | 科学态度与社会责任 |

附　录

# 附录1　课题组发表的研究论文

1. 毛东海."长课题"：教研组特色、教师成长的孵化器——化学课堂"有效共识"研究十年回顾、总结与反思[J].中学化学教学参考,2017(11)：61-65.

2. 毛东海.运用"形态分析法"培养学生自主探究问题的能力[J].化学教学,2018(3)：42-46.

3. 毛东海.运用"有效共识"培养化学学科核心素养的探索[J].化学教学,2018(8)：39-44.

4. 毛东海."优质教育经验"异地嫁接与融合的探索[J].中学化学教学参考,2018(12)：54-57.

5. 毛东海,李婉.开展"循证教学"研究,培养"循证思维"能力[J].中学化学教学参考,2019(10)：8-12.

6. 邱立伟,毛东海."化学作业设计"的研究与实施案例[J].中学化学教学参考,2019(8)：57-58.

7. 毛东海.化学课堂"有效共识"异地移植的实践探索——教育经验异地移植的运行机制与工作策略研究[J].化学教学,2020(11)：33-40.

8. 毛东海.教学实践知识的特殊性与工作策略研究——以"'循证教学'的移植转化"为例[J].中学化学教学参考,2021(4)：15-18.

9. 毛东海.分享教育经验,激发群体智慧[J].上海教育,2021(25)：18.

10. 毛东海.教育经验异地移植中"对话机制"的构建与实施——以化学课堂"有效共识"移植研究的"对话"实践为例.化学教学,2022(3)：26-31.

11. 毛东海.构建"经验模型",发展校本经验——以化学课堂"有效共识"经验模型的构建、发展为例[J].中学化学教学参考,2022(10)：71-75.

12. 尹七星.聚焦薄弱学生群体提升化学课堂效益的三点做法[J].高中数理

化(下半月刊),2019(9):73-74.

13. 尹七星.用"课堂结构"提升化学课堂的效益[J].中学化学教学参考,2022(12):11-15.

14. 于滨.依托"四层级"教学内容设计融入核心素养培养契机[J].高中数理化(下半月刊),2019(9):74-76.

15. 于滨.探索"有效问题"的层次化设计和结构化布局[J].中学化学教学参考,2022(6):1-5.

16. 张延桥.抓住课堂"三要素",培养化学学科核心素养[J].高中数理化(下半月刊),2019(9):77-78.

17. 张延桥."教学环节"是教学过程的浓缩和精华——我对化学学科"教学环节"的认识和设计的探索[J].中学化学教学参考,2022(8):9-13.

18. 李婉.提高"定量实验"教学有效性的实践[J].化学教与学,2018(5):86-89.

19. 李婉.经验再造:化学课堂教学"线索"提炼的实践研究[J].中学化学教学参考,2022(7):1-4.

# 附录 2　课题组的教学或科研获奖情况

1. 毛东海:"长课题":教研组特色、教师成长的孵化器(2018 年上海市中学化学教学论文评比一等奖;颁奖单位:上海市教育学会化学专业委员会)

2. 毛东海:运用"形态分析法"培养学生自主探究问题的能力(2018 年全国第三届新课程中学化学思维课堂研讨会论文评选特等奖;颁奖单位:中国化学会/《中学化学教学参考》编辑部)

3. 毛东海:"优质教育经验"异地嫁接与融合的探索(2019 年松江区学校教育科研成果一等奖;颁奖单位:上海市松江区教育局)

4. 毛东海:运用"有效共识"培养化学学科核心素养的探索(2019 年上海市化学化工学会化学教学专业委员会论文评选二等奖;颁奖单位:上海市化学化工学会)

5. 毛东海:开展"循证教学"研究,培养"循证思维"能力(2020 年上海市中学化学教学论文评比二等奖;颁奖单位:上海市教育学会化学专业委员会)

6. 毛东海:优质教育经验的异地嫁接与融合(2020 年松江区学校教育科研成果一等奖;颁奖单位:上海市松江区教育局)

7. 毛东海:化学课堂"有效共识"异地移植的实践探索——教育经验异地移植的运行机制与工作策略研究(2021 年上海市中学化学教师征文评比活动一等奖;颁奖单位:上海市化学化工学会)

8. 毛东海:教育经验异地移植中"对话机制"的构建与实施——以化学课堂"有效共识"移植研究的"对话"实践为例(2022 年上海市教育科研高质量发展的实践智慧征文一等奖;颁奖单位:上海市教科院普教所)

9. 毛东海:运用化学课堂"有效共识"建构深度学习思维课堂(《现代教学》2021 年度优秀教学论文一等奖;颁奖单位:《现代教学》编辑部)

10. 毛东海:构建"经验模型",发展校本经验——以化学课堂"有效共识"经验模型的构建、发展为例(2022年上海市中学化学教学论文评比一等奖;颁奖单位:上海市教育学会化学教学专业委员会)

11. 毛东海:化学课堂"有效共识"教学评价的研究(2022年静安区线上校本研修活动优秀案例,并作为获奖代表大会交流;颁奖单位:静安区教育学院进修部)

12. 李婉:提高"定量实验"教学有效性的实践探索(2018年中级职称论文鉴定等第A级;鉴定单位:松江区教育局人才服务中心)

13. 李婉:运用"证据链"强化落实"证据推理"核心素养的探索——以"乙醇"一课的设计和教学为例(2019年上海市化学化工学会化学教学专业委员会论文评选二等奖;颁奖单位:上海市化学化工学会)

14. 杜娟:高二化学"合格考专题复习教学模式"的探索与实践(2019年中级职称论文鉴定等第B级;鉴定单位:松江区教育局人才服务中心)

15. 于滨:依托"四层级"教学内容设计融入核心素养培养契机(2020年中级职称论文鉴定等第A级;鉴定单位:松江区教育局人才服务中心)

16. 于滨:探索"有效问题"的层次化设计和结构化布局(2021年上海市中学化学教师征文评比活动三等奖;颁奖单位:上海市化学化工学会)

17. 尹七星:用"课堂结构"提升化学课堂的效益(2021年度松江区教育科研成果二等奖;颁奖单位:松江区教育局)

18. 于滨:2017届松江区见习教师综合素养评比综合类二等奖(颁奖单位:颁奖单位:松江区教育学院研训部)

19. 于滨:2020年松江区1—5年教龄青年教师教学评比中学化学学科组一等奖(颁奖单位:松江区教育学院研训部)

20. 李婉:2018年松江区教师实验能力大赛(中学化学)高中专场活动三等奖(颁奖单位:松江区教育学院研训部)

21. 李婉:2019年松江区中青年教师教学评比活动化学学科二等奖(颁奖单位:松江区教育学院研训部)

22. 李婉:2020学年松江区"骨干教师微视频制作评比"二等奖(颁奖单位:松江区教育学院研训部)

23. 李婉:2021 年松江区第八届微课程设计与制作竞赛评比活动二等奖(颁奖单位:松江区教育学院研训部)

24. 李婉:2022 年松江区在线教学课例比赛二等奖(颁奖单位:松江区教育学院研训部)

# 附录3　课题组研发的松江四中校本课程清单
## （教学设计、教学课件、配套练习）

**高一化学**

**第一章　打开原子世界的大门**

第一节　从葡萄干面包模型到原子结构的行星模型

第二节　同位素和相对原子质量

第三节　揭开原子核外运动的面纱

　　　　第一课时　揭开原子核外运动的面纱（第1课时）

　　　　第二课时　揭开原子核外运动的面纱（第2课时）

**第二章　开发海水中的卤素资源**

第一节　以食盐为原料的化工产品

　　　　第一课时　海水晒盐

　　　　第二课时　氯碱工业

　　　　第三课时　盐酸

第二节　海水中的氯

　　　　第一课时　氯气性质的研究

　　　　第二课时　漂粉精和水的消毒

　　　　第三课时　探究气体体积的规律

第三节　从海水中提取溴和碘

　　　　第一课时　进一步认识氧化还原反应

　　　　第二课时　从海水中提取溴和碘

　　　　第三课时　怎样检验 $Cl^-$、$Br^-$、$I^-$

　　　　第四课时　有关化学反应的计算

第三课时　铵盐和建立人与自然的和谐关系

**第六章　揭示化学反应速率和平衡之谜**

第一节　化学反应为什么有快有慢

　　第一课时　化学反应为什么有快有慢(1)

　　第二课时　化学反应为什么有快有慢(2)

第二节　化学反应如何尽可能转变成生成物

　　第一课时　反应物如何尽可能转变成生成物(1)

　　第二课时　反应物如何尽可能转变成生成物(2)

第三节　化工生产能否做到又快又多

　　第一课时　硫酸工业

　　第二课时　氨工业

**第七章　探究电解质溶液的性质**

第一节　电解质的电离

　　第一课时　电解质的电离(1)

　　第二课时　电解质的电离(2)

　　第三课时　电解质的电离(3)

第二节　离子方程式

第三节　盐的水解

第四节　电解质溶液在通电情况下的变化

高二化学

**第八章　走进精彩纷呈的金属世界**

第一节　应用广泛的金属材料——钢铁

　　第一课时　金属和金属键

　　第二课时　铁和铁合金

　　第三课时　铁及其化合物

第二节　铝和铝合金的崛起

　　第一课时　铝和铝合金

　　第二课时　氧化铝、氢氧化铝的两性

## 高三化学

# 附录4　发展教学实践知识的案例
## ——探索"有效问题"的层次化设计和结构化布局①②

　　摘要:提出对"有效问题"内涵和功能的认识;结合新授课、复习课两种课型,探讨"有效问题"层次化设计的做法;结合上述两种课型的实例,提出"有效问题"结构化布局的几点策略。

　　关键词:有效问题;核心问题;相关问题;层次化设计;结构化布局

　　问题是课堂教学的关键要素。如何进行"有效问题"的设计和实施,提高课堂教学的效果? 这是笔者作为工作不久的新教师,正在苦苦追寻的问题。2017至2020年,化学特级教师毛东海在我校支教三年,这为我们创造了极为难得的学习机会。本文拟在专家经验的基础上,根据近几年的教学经历和探索实践,围绕"有效问题"的层次化设计和结构化布局谈一些粗浅的想法和做法,请同行赐教。

## 一、对"有效问题"内涵和功能的认识

　　关于"有效问题",专家有很多研究。刘海英提出了疑惑性、矛盾性、真实性、梯度性、开放性等有效问题情境的设计方法。[1]周玉明提出了情境问题化、问题系列化的设问策略。[2]杨基松从角度、广度、深度、厚度、难度等不同视角谈了有效问题的设计。[3]周文红探讨了有效问题的三个特征:促进思维发展、促成主动学习、表述清晰明了。[4]毛东海认为,"有效问题"是开展教学活动的重要抓手,并

---

　　①　2020年上海市教育科学研究项目"优质教育经验异地移植的运行机制研究"部分成果(编号:C20049)。

　　②　作者于滨发表于《中学化学教学参考》(下半月刊)2022年第6期。

根据其体现教学目标的地位和占用教学资源的程度,将有效问题分为核心问题和相关问题。[5,6]

笔者倾向于毛东海老师的观点并认为:核心问题是根据教学目标、教学内容提出的一节课需要解决的主要问题;相关问题是以解决核心问题为目的,将核心问题进行最佳层次分解,或为其解决必要的、有价值的铺垫或拓展的问题。另外,当前教育形势下,有效问题的设计还应努力兼顾核心素养的培养要求。[7]

## 二、"有效问题"层次化设计的做法

"有效问题"分为核心问题和相关问题,它们在一堂课中占据不同的地位和资源,体现不同的作用和价值,它们是有层次之分的。下面以新授课、复习课为案例,谈谈我在"有效问题"层次化设计上的一些做法。

1. 核心问题的设计策略

① 新授课:以知识模块为抓手,设计核心问题

新授课内容分为元素化合物、化学原理和概念、定量实验、有机化合物等知识模块。新授课的核心问题设计,一般以形成合理的知识模块为抓手,使这些知识模块在内容上尽力体现递进、并列、因果等逻辑关系,并且要求文字简洁,以方便用板书的形式进行呈现、强化。

例如,元素化合物一般包括物质的组成与结构、物理性质、化学性质、用途等知识模块。以"氨"一课为例,核心问题可设计为:氨气的分子结构、氨气的物理性质、氨气的化学性质、氨气的用途。有机化合物一般包括分子结构、物理性质、化学性质、用途等知识模块。以"乙醇"一课为例,核心问题可设计为:乙醇的分子结构、乙醇的物理性质、乙醇的化学性质、乙醇的用途。定量实验一般包括实验原理、实验仪器和药品、实验步骤、数据记录和处理、实验讨论等知识模块,核心问题也可参照上述模块进行设计。

另外,化学理论、概念部分,建立知识模块相对有难度,一般采用分解或铺垫策略进行建构。例如,"影响化学平衡影响的因素"一课,可将教学内容分解为浓度的影响、温度的影响、压强的影响、催化剂的影响等核心问题;"勒夏特列原理"一课,则以浓度的影响、压强的影响、温度的影响等核心问题做铺垫,最后凝练成教学原理。

② 复习课：以学法总结为目的，设计核心问题

复习课是对新授课所学的知识进行知识强化、建立联系或迁移运用，培养学以致用的能力。因此，复习课的核心问题设计，应聚焦学习方法的总结、学习策略的培养。一般包括以下内容：梳理知识系统（获得学习方法的工具）、开展典例研究（习得学习方法的素材）、小结策略方法（形成学习方法的关键）、解决实际问题（形成学习能力的训练）。以"铝及其化合物"复习课为例，核心问题依次可设计为：梳理铝及其化合物的转化关系—常见选择题、简答题的讨论—反应关系与沉淀现象的分段式总结—数形结合情境问题的讨论。

2. 相关问题的设计策略

① 分解核心问题，形成相关问题

核心问题目标贡献大，内容丰富，将核心问题分解成子问题，是设计相关问题的一种重要策略。例如，在"甲烷"一课中，可将核心问题"甲烷的分子结构"分解为甲烷的电子式、甲烷的结构式、甲烷的结构简式、甲烷的空间构型等子问题，这些子问题就是相关问题。

② 铺垫核心问题，形成相关问题

有时核心问题的解决，需要提供一些认知基础或前提，为核心问题的解决做铺垫。这些基础性、前提性的问题也是一种相关问题。例如，在"影响化学反应速率的因素"一课中，"影响化学反应速率的外因有哪些"是核心问题，有外因，肯定有内因，而且内因是更重要的因素，不可或缺。所以，设计"影响化学反应速率的内因有哪些"这个相关问题是不可或缺的。

③ 拓展核心问题，形成相关问题

课堂教学常常需要抓住时机，对容易混淆的旧知识，进行对比研究，或对比较抽象的知识进行化工生产或生活经验的联系。所以，设计一些有价值的相关问题成为必要的考量。例如，在"氯气"一课中，"氯气的化学性质"是核心问题，其中包括氯气的漂白性。此时二氧化硫的漂白性、活性炭的漂白性等旧知识显然对新知识造成了干扰，于是设计"氯气与二氧化硫、活性炭的漂白原理比较实验"这样的相关问题就显得非常有必要。

## 三、"有效问题"结构化布局的做法

"有效问题"的结构化布局，是指对设计好的"有效问题"，根据课堂实施的阶

段、过程进行整体考虑和部署,以形成一定的序列化格局。一般来说,核心问题形成课堂纵向推进的序列结构,反映一堂课的教学阶段;相关问题形成课堂横向拓展的序列结构,反映一堂课阶段性教学过程。纵向结构、横向结构的交织布局,就形成了以问题为支撑和抓手的课堂结构。[8]

1.新授课:以有效问题蕴含的内容逻辑进行结构化布局

下面是以新授课"甲烷"为例,探讨在有效问题结构化布局上的几点做法。

(1)纵向结构:彰显核心问题递进、并列或因果的逻辑关系

前面已述,新授课的核心问题设计,一般以"形成合理的知识模块"为抓手,然后进行问题化的文本处理。从有机物的内容特点来看,其知识模块一般设计为分子结构、物理性质、化学性质、用途等。因此,"甲烷"一课可以设计 4 个核心问题:(1)甲烷的分子结构;(2)甲烷的物理性质;(3)甲烷的化学性质;(4)甲烷的用途。

在课堂实践中,这 4 个核心问题是不是就按照这样的次序来进行教学呢? 这需要斟酌。例如,要考虑教材上的安排有没有道理,编者是怎么考虑的;要考虑这些问题之间的逻辑关系,如何排列更为合理;要考虑课堂上实施的可能性、可行性等。由于每个人的教学理念、教学习惯不一样,排列的次序可能会不同,但有一条原则,即要尽量体现学习载体的逻辑关系,促进学生的逻辑思维发展和有效学习。

由于甲烷分子是微观粒子,学生看不见、摸不着,如果课的一开始就讲授"1.甲烷的分子结构",学生必然会感到抽象、空洞,不仅枯燥无味,而且印象不深。如果将核心问题的教学次序调整为 1.甲烷的物理性质;2.甲烷的化学性质;3.甲烷的分子结构;4.甲烷的用途。这样的纵向结构,就可以体现由表象到本质、从宏观到微观的思维过程,同时辅助了生活经验的佐证和强化,这样的教学安排符合学生的认知发展规律(参见图 1 之核心问题的纵向序列)。

(2)横向结构:彰显相关问题分解、铺垫或拓展的策略功能

前面所述,新授课的相关问题设计,一般采用基于核心问题的分解、铺垫或拓展策略。那么,横向结构的布局就是要彰显这样的策略功能。以"甲烷"这堂课为例,相关问题设计是彰显分解功能,即将核心问题分解成若干子问题(参见图 1 之相关问题的横向序列)。

①"甲烷的物理性质"的分解。物理性质一般包括颜色、状态、气味等教学内

容。这个核心问题可以分解为"常温下,甲烷的颜色、状态、气味、密度分别是怎样的?"等子问题。以上问题设计中可渗透"宏观辨识"的核心素养。

② "甲烷的化学性质"的分解。化学性质是本堂课的重点,对这一核心问题的分解,主要考虑两点:一是不能遗漏重要的化学反应,并要明确探究目的;二是学习的顺序要合理,相互之间努力形成内容和思维上的逻辑关系。为此,可设计3个子问题(相关问题):(1)甲烷和氧气如何反应(探究甲烷的元素组成);(2)甲烷和氯气如何反应(探究反应产物,并把二氯甲烷作为探究甲烷分子空间结构的重要素材);(3)甲烷和酸性高锰酸钾溶液以及溴水反应吗?(探究甲烷分子的化学稳定性)。以上问题可融入"科学探究与创新意识"核心素养。

③ "甲烷的分子结构"的分解。有机物分子结构的表现形式一般包括电子式、结构式、结构简式、空间构型等。这个核心问题可以分解为甲烷的电子式、结构式、结构简式、空间构型是怎样的等相关问题。以上问题可融入"微观探析/模型认知"核心素养。

④ "甲烷的用途"的分解。有机物的用途一般考虑社会用途、生活用途和化工生产的用途。一般选择若干重要用途介绍即可,不必作过多介绍。在这里可渗透"社会责任"核心素养。

图1 "甲烷"一课中的结构化布局

2. 复习课：以"有效问题"蕴含的学习方法进行结构化布局

下面以复习课"有机物的合成与推断"为例进行结构化布局的说明。

（1）纵向结构：用核心问题彰显学习方法的形成阶段

本节课的结构化布局主要根据以下两个视角进行：

第一，培养学习方法。前面已述，复习课核心问题的设计一般包括以下内容：梳理知识系统、开展典例研究、形成策略方法、解决实际问题等。这些内容体现了模型建立到模型应用的思维发展，教学过程由浅入深，理论和实践相互配合。为此，"有机物的合成与推断"一课可设计如下核心问题，呈现学习方法的形成阶段：①梳理有机物的知识系统；②研究有机物的典型问题；③形成有机物学习的一般策略；④运用策略解决新情境下的问题（见图3之核心问题的纵向序列）。

以上问题的教学实践还需要注意以下事项：其一，"③形成有机物学习的一般策略"，既可以成为紧随"②研究有机物的典型问题"之后的一个步骤，也可以不单独呈现，融合在"②研究有机物典型问题"中，成为典型研究的一部分或关键部分。其二，"③形成有机物学习的一般策略"，不仅要在口头上进行意识强化，更要在书面上进行文字总结，以促成学生迁移学习的工具。其三，"④运用策略解决新情境下的问题"，既包含同类问题情境的变式研究，也包括新的问题情境的探究，考查学生对学习方法的掌握程度和学习智慧。

第二，落实核心素养。本节课主要培养模型认知的核心素养（即总结、发展有机物学习的思维模型），以上问题的设计序列体现了模型认知核心素养的培养内容和水平要求。两者之间的对应关系汇总如表1所示。

表1 "有机物的合成与推断"一课中核心问题与模型认知素养水平的对应关系

| 素养水平 | 模型认知的培养内容 | 核心问题 |
| --- | --- | --- |
| 水平1 | 能对化学事实和理论模型进行关联和合理匹配 | 官能团特征的对比研究、有机物转化关系的网络建构<br>（梳理知识系统） |
| 水平2 | 能用理论模型解释或推测物质的组成、结构、性质与变化 | 根据知识网络、官能团的性质探究典型的问题情境<br>（研究典例问题） |

（续表）

| 素养水平 | 模型认知的培养内容 | 核心问题 |
|---|---|---|
| 水平 3 | 能说明模型使用的条件和适用的范围 | 有机物学习中的一般思路或方法<br>（形成一般策略） |
| 水平 4 | 能对复杂的化学问题情境中的关键要素进行分析以建构相应的模型 | 利用一般思路或方法解决新情境下的问题<br>（解决新情境问题） |

（2）横向结构：用相关问题夯实学习方法的习得过程

在复习课中，相关问题的设计就是为了夯实核心问题的解决过程，从而强化对学习方法的感悟体验。这里的相关问题设计，主要是突出铺垫和拓展的策略：一方面是为学习方法的形成做铺垫，另一方面是为学习方法的运用作拓展。

① 为梳理知识系统做铺垫。有机物的知识系统，一般包括有机物的分类、有机物之间的转换关系、有机物官能团的特点、有机物的特征反应。由此可以设计以下的相关问题做铺垫，以形成和完善知识系统：有机物有哪些分类？ 有机物之间的转化关系是怎样的？ 有机物有哪些常见的官能团？ 有机物官能团的特征反应是怎样的？ ……

② 为开展典例研究进行拓展。有机物合成题的类型多、难度大，一般涉及化工生产的问题情境。作为典型题目的研究，有机合成题应尽可能地覆盖多种题型，并在难度上呈现由低到高的趋势。从课堂实施的经验来看，相关问题的设计可以粗略地体现在题型和难度上。例如，可以分为文字题和流程题；可以分为一般难度的题目、较大难度的题目；可以分为烃类有机物的推断、烃的衍生物的推断；有时我们将高考中相似度高的题目分别归为几个类型，分别进行讨论。总之，有机物的题目类型众多，难度不一，比较复杂，相关问题的设计和拓展为教师提供了较大的创意和发展空间。

③ 为形成策略方法做铺垫。有机物的合成与推断一般有以下几种思路（见图 2）。这样的教学铺垫，既是前面典型例题的总结结果，同时又为后续的自主学习建构了基本的思维模型，促进了学习策略、方法的形成和完善。

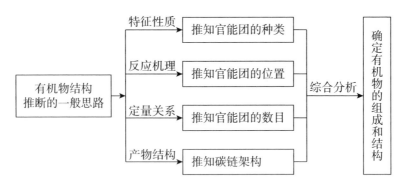

**图 2    有机物结构推断的一般思路**

④ 为解决实际问题进行拓展。这里的解决实际问题,是指运用前面的策略方法解决新情境下的问题。这里的实际问题(即相关问题),相对于典型问题研究,其类型更为多样,其难度层次更为复杂;其拓展深度应以是否适合高考要求并推动学生自主学习为参照原则。

根据以上讨论,"有机物的合成与推断"一课中相关问题的设计和布局形成如下的结果(见图 3 之相关问题的横向序列)。

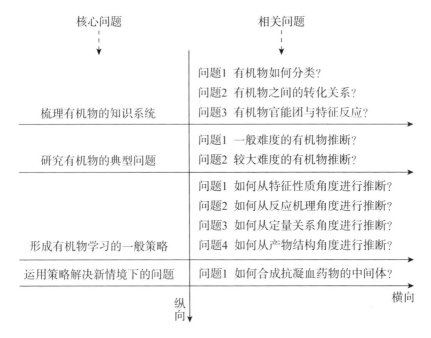

**图 3    "有机物的合成与推断"一课的结构化布局**

总之,开展"有效问题"的层次化设计和结构化布局是提升课堂教学有效性的重要路径。笔者相信,这样的探索和研究,不仅可以推动当前的化学新课程和课堂教学改革,而且可以为青年教师赢得难得的锻炼和发展专业能力的机会。

参考文献

[1] 刘海英.浅谈高中化学教学中创设有效问题情境的策略[J].中学化学教学参考,2014(9):2-4.

[2] 周玉明.情境教学有效设问策略研究[J].化学教学,2015(1):38-40.

[3] 杨基松.课堂教学中有效问题的多维视角[J].中学化学教学参考,2017(10):13-15.

[4] 周文红.化学课堂有效问题的本质特征[J].化学教育(中英文),2015(11):18-21.

[5] 毛东海.化学课堂"有效教学"研究[M].上海:上海教育出版社,2012.

[6][8] 毛东海.试论化学课堂中"有效问题"的设计[J].化学教育,2011(10):22-23.

[7][9] 中华人民共和国教育部.普通高中化学课程标准[S].北京:人民教育出版社,2020.

# 附录5　自主运用"有效共识"的案例
## ——提高"定量实验"教学有效性的实践探索①

摘要：课堂质量的提高是多因素共同作用的结果。本文通过案例实践，总结了如何利用教学线索、课堂结构、有效问题及教学环节、技术手段等四个要素来提高定量实验教学有效性的做法。

关键词：定量实验；有效教学；实验方案；教学设计

定量实验是高中化学教学的重点和难点。目前，这部分内容的教学中普遍存在以下问题：第一，重视实验的书面要求，忽视实验的动手操作；第二，关注教师的实验讲解，忽视学生的实验探究；第三，关注实验试题的训练，忽视育人价值的落实。目前，笔者开设了一节"结晶水合物中结晶水含量测定实验方案设计"的研究课，现围绕如何提高定量实验课堂教学的有效性和化学学科核心素养培养的话题，谈几点粗浅的做法。

### 一、本课的教学目标和主要内容

1. 做好文本分析，确定本课的地位和作用

本节课是沪科版《化学》高二年级第一学期第十章"学习几种定量测定方法"第二节"结晶水合物中结晶水含量的测定"第一课时内容。第十章定量实验包括测定1 mol气体的体积、结晶水合物中结晶水含量的测定、酸碱滴定三个实验，其中测定1 mol气体的体积是拓展型课程内容，因此本实验就成为本章学习的第一个定量实验。

①　作者李婉发表于《化学教与学》2018年第5期；职评论文为A级。

《上海市高中化学学科教学基本要求(2017版)》对本实验学习水平的要求是:知识水平C级,技能水平C级,即知识达到运用层面(能将所学内容应用到新的情境中,并用于解决简单的问题);技能达到设计层面(能根据具体情境的需要,选择、组合相关实验操作,并解决问题)。

作为学习定量测定方法的第一课,本课的任务是让学生感受定量实验的基本要求,在学习重量法的同时,对定量实验的核心——精准性留下深刻的印象,为今后学习其他定量实验打好基础。

2. 确立教学目标,把握教学重点和难点

依据以上文本分析,本课的教学目标设立为:理解硫酸铜晶体中结晶水含量的测定原理,设计硫酸铜晶体中结晶水含量的测定步骤并选择合适的仪器。通过讨论能否直接测定水的质量,感受用间接转化的方法求得水的质量,认识定量测定常见方法——重量法;通过讨论“如何确保结晶水完全失去”等问题,感悟精准性在定量测定中的意义和价值。在设计实验方案的活动中,体验严谨求实的态度、团结合作学习的重要性。

本课的教学重点是“结晶水合物中结晶水含量”的测定原理,难点是提高实验精准性的技术方法与实践操作。

## 二、提高本课教学有效性的探索

1. 提炼清晰的教学线索,形成贯穿一堂课的思想灵魂

教学线索,即贯穿一堂课的思想、理念或相互关系,体现教师授课纵向推进的思路。根据课程内容不同可以设计不同的教学线索:可从化学知识的逻辑关系入手,寻找内容线索;可从教学环节的分析入手,提炼方法线索;也可从人文教育素材中某些价值观、思想意识入手,挖掘思想线索。[1]

笔者对本定量实验提炼的线索属于方法线索,即研究定量实验的一般操作流程:①确定目的;②寻找原理;③选择方法;④设计步骤;⑤选择仪器;⑥实验操作;⑦数据记录与处理;⑧误差分析。该线索统领了整堂课的教学活动,不仅对定量实验流程中的各要素起到强化、定位作用,而且形成了各要素之间前后的逻辑关系和内容发展,显现了定量实验研究的基本要求和活动程序。教师清晰地阐述定量实验的一般流程后,就勾勒出本堂课的教学线索,形成了贯穿一堂课的思想灵魂,它引领学生的思维发展和教学纵深。同时,教师说明,鉴于课时关系本课只讨论①至

⑥步。鉴于本线索的明朗性和直观性,故称为明线索。

作为本章的第一个定量实验,笔者还介绍了定量研究与定性研究的区别,如"常温下氯化钠能溶于水""空气中光的传播速度很快"属于定性研究,"20℃时氯化钠的溶解度为36 g""真空中光的传播速度是$3×10^8$米/秒"属于定量研究。定量研究与定性研究的主要区别有两点。一是着眼点不同,定量研究着重物质量的方面,主要以数据、模式、图形等形式来表达;定性研究着重物质质的方面,多以文字描述为主。二是着力点不同,定量研究一般是以定性研究为基础,用量的形式或手段强化研究的过程和结果,从而实现定性研究的精准化。这种做法,一方面使学生对定量实验的特点有了进一步的深刻认识,另一方面融入一条实验教学的暗线索,精准是定量实验的基本准则。

2. 设计合理的课堂结构,完善布局一堂课的教育资源

课堂结构是指课堂教学的基本框架,分为纵向结构和横向结构。在教学线索引领下,针对教学内容的探究点不断展开,课堂的纵向结构逐渐生成;同时,针对每个探究点设计有效问题及教学环节,逐渐形成课堂的横向结构。[2]课堂结构设计越合理,越能纵横贯连整课的教学内容,如同一颗有着经纬线的地球,给人明确的坐标定位和导航指向,并彰显课堂的资源布局和空间美感。本节课的结构设计如下:

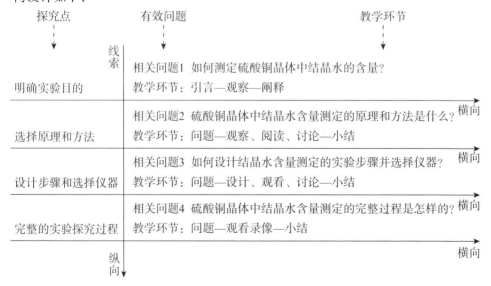

图1 "结晶水合物中结晶水含量测定"课堂结构

横向结构的展开,始终围绕一个"准"字(即实验教学的暗线索),包括原理科学、仪器精准、操作精准、数据获得及处理精准。在本课中,笔者将重心放在仪器精准、操作精准两个方面,如在学生选择称量仪器和受热仪器的过程中,思维经历了如下变化:

| 实验步骤 | 仪器初选择 | 仪器再选择 |
| --- | --- | --- |
| 称量 $m(CuSO_4 \cdot xH_2O)$ | 托盘天平/电子天平 | 电子天平 |
| 加热 | 试管/蒸发皿/烧杯 | 坩埚 |
| 称量 $m(CuSO_4)$ | 托盘天平/电子天平 | 电子天平 |

教师通过总结知识、提示要点,评价学生的思维变化。其实质是引导学生抓住体现"仪器精准"的两个立足点:一是仪器本身的测量规格要精准;二是仪器的选择要正确。随后教师提出:既然仪器有了,设计初案也有了,那么,如何像"仪器精准"一样,做到"操作精准"呢? 由此过渡到"精准操作"环节。总之,合理的课堂结构好比房屋的框架结构,保证每堂课的质量和效益。

3. 设计精简的"有效问题"及教学环节,持续展开课堂探究活动

课堂纵向结构的推进、横向结构的展开,首先依靠的是问题。问题是承载教学内容的重要载体,其设计的质量(即有效性)是推进有效课堂并最终达成教学目标的基础。"有效问题"是指教师在课堂中提出的、对落实本堂课的教学目标和培养学生的学习能力有不可或缺的作用和价值的问题。设计"有效问题",要力求精准、精确,凸显教学重点及目标达成。笔者将有效问题分为核心问题和相关问题,核心问题是根本问题、主要问题,而相关问题是为解决核心问题服务的。[3]

根据本课三维目标,笔者设计了两个核心问题,每个核心问题又包括若干相关问题,见下表(参见图1中的核心问题2、核心问题3):

核心问题2:硫酸铜晶体中结晶水含量测定的原理和方法是什么?(相关问题:1-1定量实验的一般流程是什么? 1-2如何用化学方程式表示硫酸铜晶体的受热分解性? 1-3锁定哪些数据可以测定结晶水含量 $x$ 的值? 1-4如何选择简便的计算表达式? 1-5根据质量守恒定律,通过化学反应前后相关物质质量的变化测定物质的组成的方法叫什么方法?)
核心问题3:如何设计结晶水含量测定的步骤并选择仪器?(相关问题:2-1根据实验原理,你初步设计的实验步骤是什么? 2-2如何选准仪器? 2-3称量时,如何避免多次转移造成的损失? 2-4加热时,如何判断晶体已完全失水? 2-5如何操作有利于晶体失水,且不多失也不少失? 2-6如何在合适的环境中冷却或加热产物?)

如果说"有效问题"的设计是达成教学目标的基础,那么"有效问题"的落实则成为关键,它依靠的是教学环节,依靠的是由环节联结而成的学生的探究活动。设计教学环节,要力求简约、清晰,既要考虑问题解决的可能性,又要考虑问题解决的质量。

针对核心问题 2(原理与方法)开展的教学环节是:观察—阅读—讨论—小结,即通过观察硫酸铜晶体实物、阅读学案资料库,知道硫酸铜晶体的受热分解性,讨论得出可以通过重量法测定硫酸铜晶体中结晶水的含量,在此基础上小结蕴含的原理与方法。

针对核心问题 3(步骤与仪器)开展的教学环节是:设计—观看—讨论—小结,即根据测定原理,初步设计实验步骤并选择合适仪器,通过无线投影观看加热硫酸铜晶体的过程,讨论"如何确保结晶水完全失去"等问题,完善实验方案,讨论得出较完善的实验步骤。最后,教师小结本实验两方面的精准性(仪器精准和操作精准)、三个关键操作(称得准、热得巧、冷得好)。教师的总结很重要,因为这几个概括性的词,每一个都是一个富有牵引力的点。比如,"热得巧",为了确保结晶水完全失去,同时要做到研磨操作、坩埚使用、加热技术、恒重操作、时间掌控、固体飞溅的防护等操作要点。精炼的词语,是一种教学艺术,是对问题回答的有效总结和升华,最大限度地简化了学生对实验的理解和实施。

4. 运用有效的"技术手段",生动呈现一堂课的实验效果

如何让学生记住定量实验的一般流程?如何突破教学难点、凸显教学重点?如何有效地总结教学内容、展示实验操作?本节课分别运用了三种技术手段来解决以上问题。

(1)磁性标签贴,显现线索,推进教学过程

为了有效地突出本节课的方法线索,让学生清晰地认识到定量实验有其规范的流程,笔者将自制磁性标签贴做成了教学用具,代替部分板书标题。磁性标签贴上的内容是:一、确定目的;二、寻找原理;三、确定方法;四、设计步骤并选择仪器;五、数据处理与分析;六、误差分析与讨论。当提问"设计一个定量实验应考虑哪些方面"时,通过粘贴的方法引出。它的作用主要有两个:

第一,节省板书时间,规范板书设计。板书作为课堂教学的重要组成部分,它既可以吸引学生的注意力,也可以加强学生的记忆思维。本节课的板书内容

较多,磁性标签贴的使用可以将原本需要几分钟完成的动作控制在几秒内完成,节省了不少时间,还能提早规划板书格局,区分框架与内容,提高了课堂效率。

第二,发挥标签效应,清晰教学线索。磁性标签贴不仅是实物形式的标签贴,而且给学生心中贴上了标签,它能起到明显的学习导向作用,引领学生遵循定量实验的一般流程,逐步解决真实情境中的实验操作问题;同时,它一目了然地呈现了本节课的纵向推进过程(即课堂的纵向结构)。

（2）无线同屏技术,直观实验,深化精准意识

提高实验精准性的方法与操作,是本课的难点。为了有效地突破该难点,笔者运用无线同屏技术,利用移动设备的相机功能,将晶体受热、分解失水的过程实时传送到教室大屏幕上,高清、特写的镜头有效地帮助学生发现了设计初案中存在的不精准问题,巧妙地突破了教学难点。具体来说,它有两个优点:

第一,变被动学习为主动学习。无线同屏实验改变了学生被动学习的局面。笔者故意展示一个错误操作:按照学生的粗设计,取少量绿豆粒大小的硫酸铜晶体,置于坩埚中,小火加热,约半分钟固体表面开始由蓝变白。当完全变白时,停止加热。这时利用手机中相机的缩放功能,学生高清地观察到固体的边角上出现少许发黑。教师随即提问:晶体是否完全失水了? 学生认为晶体最上部分都变成白色(甚至黑色),那么整个晶体必然全部失水。这时,教师碾碎晶体,学生惊讶地发现晶体内部仍有蓝色。在这个过程中学生很快认识到设计初案的不精准,需要及时完善,从而水到渠成地提出了多个改进实验的方案。

第二,变思辨推理为证据推理。正因为有了眼见为实的现象和突发状况,激发了学生强烈的探究问题的欲望。大家主动分析原因,踊跃提出建议:通过增加研磨、搅拌、恒重操作,注意控制温度等,提高实验的精准性。借助无线同屏技术的演示实验,不但给学生留下了深刻的印象,培养了学生的实验观察能力、实验思维能力和证据推理能力,也警示学生在今后实验活动中避免犯同样的错误。

（3）教师自制录像,演示操作,流畅总结课堂

笔者自制浓缩版实验录像:介绍实验仪器、字幕显示实验流程、教师演示实验操作、规范仪器使用、说明操作要点、介绍数据处理方式等,时长为 3 分钟。录像播放节点为课的结尾,作为整节课知识的总结、回顾,同时为第二课时学生进入实验室打好基础。

5. 抓住机会、巧妙落实,培养化学学科中的核心素养

21世纪的课程教学,不断关注学生的核心素养。化学学科核心素养反映了社会主义核心价值观下化学学科育人的基本要求,全面展现了学生通过化学课程学习形成的关键能力和必备品格。化学学科核心素养包括宏观辨识与微观探析、变化观念与平衡思想、证据推理与模型认知、实验探究与创新意识、科学精神与社会责任等五个维度。本课希望在培养学生"证据推理与模型认知""科学探究与创新意识"两个维度上下功夫。

(1) 在真实的情境中培养学生的"证据推理与模型认知"素养,使学生具有证据意识,建立证据、观点、结论之间的逻辑关系。本课抓住的机会是直观实验教学,依据事实证据,推理可能原因,得出结论。课堂实录内容如下:

师:既然我们已经初步设计了实验步骤,也选择了相应的仪器,下面我们就加热晶体,请观察实验现象。(无线同屏实验)如发现问题或产生疑惑,请按照"你观察到什么现象,认为可能存在什么问题,建议如何改进?"的方式,表述你的观点。

生1:我观察到颗粒状晶体直接加热,表面边缘会发黑,我认为可能是受热不均造成的,建议控制温度,小火加热,同时不断搅拌。

师:你认为现在晶体是否完全失水了?

生2:我观察到晶体表面从底下到最上面都变白,我认为晶体完全失水了。

师:(高清放大)那我们用玻璃棒碾碎后试试,请观察现象。

生3:我观察到晶体碾碎后,内部仍有少量蓝色,说明晶体并没有完全失水,可能是晶体颗粒不够小造成的,建议增加研磨操作。

师:这是研磨后的硫酸铜晶体,加热研细后的晶体是否能确保完全失水?

生4:我认为不能,从上个实验中发现,肉眼观察不精准,我们可以先加热晶体至完全变白,称其质量;再加热,再称其质量。比较两次质量是否有变化;质量不变,说明晶体完全失水。

师:这位学生的建议非常棒,他认为用观察颜色的定性判断法不精准,建议采用数据进行定量判断,在我们教材上有详细介绍这种操作——恒重操作。请大家阅读教材。

(2) 在小组讨论和实验探究中发展学生的"科学探究与创新意识"素养,培

养学生发现、提出问题的能力,形成定量实验的一般思维程序,体验实验探究的基本流程,认识定量测定的常见方法,特别是感悟精准性在定量测定中的意义和价值。本课的实验探究过程,始终将观察、操作、思维三者联系在一起,彼此相互影响、相互制约,并从中有序组织和深化以推进学生的思考、质疑、表达、感悟的心理过程,这对培养学生的“科学探究与创新意识”素养起到了重要的促进作用。

　　总之,清晰的教学线索、合理的课堂结构、精简的有效问题及教学环节、有效的技术手段等四者共同作用、形成合力成为本堂课取得成功的基本经验。笔者认为,本节课的教学设计、实践可以成为定量实验课型中的一种实践范式,从而为解决目前定量实验教学中普遍存在的问题提供借鉴。同时,笔者也相信,基于定量实验化学课堂的探索一定可以为发展学生的核心素养、提升化学学科的育人价值作出更大贡献。

参考文献
[1][2][3] 毛东海.化学课堂“有效教学”研究[M].上海:上海教育出版社,2012.

# 附录6　青年教师专业成长的案例
## ——专业成长让我的生活充满了自信和快乐[①]

2016年9月,我毕业于上海师范大学分析化学专业,虽不是师范科班出身,但我一直努力想成为一名优秀的人民教师。怀着理想与热情,我进入松江四中,任教高中化学并担任班主任。作为一名青年教师,回顾三年的成长之路,离不开同事的关心与帮助。特别幸运的是,工作第二年,恰逢特级教师毛东海来我校指导工作,在毛老师的指导下,我们对课堂教学效果进行了探索,取得了令人满意的效果,下面与大家分享我的专业发展过程与成长感悟。

## 一、专家引领,集体备课

在毛老师的带领下,每节备课都是采用集体备课的形式,充分发挥"专家引领,集体智慧"的力量,让我受益匪浅。每周二下午大家都汇集在特级教师办公室进行集中备课,就如何作好文本分析,确立教学目标,把握教学重点和难点;提炼教学线索,设计课堂结构;设计有效问题及教学环节,持续展开课堂探究活动;对课后作业中每道题是否做到典型有效等一系列问题开展讨论与探索。

每星期我们教研组和备课组活动从不间断,在毛老师带领下认真关注每个细节,充分尊重学生与课堂,认真完成备课工作。例如,在高二合格考专题复习的备课过程中,针对我校学生基础比较薄弱、学习能力不强的特点,毛老师提出在专题复习中教师的引导作用应当尤为重要和迫切,这种引导作用主要体现为对学生的认知过程的耐心启发和对学习方法的醒目符号的固定。为此,经过集体备课,最终在合格考的复习阶段,我们选择凸显引导作用的教学模式,教学设

---

[①]　作者:杜娟。

计基本围绕"基础题型、萌发动机""讨论交流、建构系统""靶向情境、形成工具""典型例题、锤炼能力"4 个环节,建立合理的课堂结构,通过建立合格考专题复习教学模式开展复习工作,有利于强化知识系统的形成过程及结果,彰显学习方法的形成过程及本质,培养不同情境下解决问题的能力。实践证明,这样的做法大大提高了专题复习的效果,绝大多数学生在这样的学习过程中提升了学习能力,并通过了上海市学业合格考试。专家引领,集体备课模式是保证教学质量坚硬而有力的基石。

## 二、认真听课,虚心受教

毛老师的课堂永远对全校开放,不仅化学组,其他组教师也可以随时来听课取经,课后毛老师还会就每节课的内容和大家展开讨论,悉心指导青年教师。毛老师每节课的内容都有很明确的课堂结构,根据课堂结构设计的教学环节有序高效,值得青年教师学习。对青年教师而言,听课时要注意两个方面:一个是关注老教师的教,另一个是关注学生的学。关注老教师的教要注意几点,看老教师是如何安排课堂结构的,如何通过课堂提问引导教学的,引导工作要做到略高于学生的认知水平,在学生的"最近发展区"中引导学生自主发展、主动发展,要让学生有"跳一跳摘到果子"的学习体验。

教师对知识系统的形成结果要采用合理的技术手段,给予视觉上的最佳获得感。例如,将知识结果用醒目的树形结构、表格形式或板示图画进行总结和呈现等,这样做的目的是让学生留下最为生动、浅显的回忆符号,为学生后续的自主学习、迁移运用知识打好基础。这些方法都值得认真学习,有利于提高自己的课堂教学能力。在听课过程中,也要注意学生的课堂反馈,看学生在教师的引导下是否积极参与学习活动,是否参与思考、讨论、动手操作等。学生是课堂的主人,一切教学活动都应以学生的发展为主。

听课结束后,要及时反思,对照老教师的教学,发现自身不足与缺点,及时修正,学习老教师的经验方法,并运用于自己的课堂教学中。

## 三、把握课堂,实验导航

把握课堂,首先要学会把握课堂结构。课堂结构是指课堂教学的基本框架,分为纵向结构和横向结构。针对教学内容的探究点不断展开,课堂的纵向结构逐渐生成;同时,针对每个探究点设计有效问题及教学环节,逐渐形成课堂的横向结构。课堂结构给人以明确的坐标定位和导航指向,才能准备把握课堂。教师在组织学生讨论时,务必要认真听讲,要善于抓住学生独特的观点,捕捉有价值的信息,教师要及时停顿、点化或补充,或用追问、质疑的形式启发学生进一步深入思考。

化学课堂是离不开实验的,有实验的课堂才生动有趣,课堂效果才更佳。毛老师让每位教师每节课之前都要认真准备实验,还给大家强调安全措施,消除实验操作中的安全隐患。实验探究要尽力考虑让全体学生参与活动,体验实验过程;同时,要尽力创造条件建立研究小组,让学生体会团队合作的意识和感受集体智慧的力量。

## 四、校本课程,集体智慧

在毛老师的带领下,每周二备课组都集中备课,讨论课程,日积月累地拥有了校本课程这一集体智慧的结晶,在这个过程中,也培养了教研组成员的综合素质。

校本课程充分体现了化学课堂有效共识的思想。化学课堂有效共识是指研究团队在教学研究中共同达成的关于化学课堂有效性的思想认识,包括内容系统、策略系统两个方面。其中,教学内容包括知识内容、方法内容、观念内容和文化内容。策略系统包括六个关键要素:目标、线索、结构、问题、环节和方法。目标(即教学目标),指明教学方向、引导教学过程。线索(即教学线索),是贯穿一堂课的思想、理念或教学发展的关系,体现教师授课纵向推进的思路。结构,即课堂教学的基本框架。问题(即有效问题),有效问题的解决是教学的中心任务。环节(即教学环节),是针对探究点开展的教学活动。方法(即学习方法),即在化学课堂的探究活动后,对探究思维的要点或其中蕴含的思想方法进行精心归纳以及简要的符号呈现,帮助学生记忆和运用。六个关键要素,是从教师课堂上的关键行为来进行规定的。其落实过程,不仅反映课堂教学最核心、最基本的过程,也反映教师最关键、最重要的行为。

### 五、专题研究,课题选择

作为一名青年教师,不仅要上好课,更要有追求,努力成为研究型教师,以先进的理论指导工作,培养自己的科研意识。我校是一所正在发展中的美育特色学校,高中生源的起分线在全区处于末位,文化课学习能力薄弱,尤其是理科学习兴趣不高。高二下学期后半段时间是合格考全面复习时间,针对这样的薄弱学生群体,如何在关键复习阶段提高课堂效率,帮助学生顺利通过上海市高中化学合格考学业考试,成为我们的目标。为此,在毛老师的指导下,我们对合格考专题复习的教学模式进行了探索和实践,取得了令人满意的效果,研究成果"基于薄弱学生群体专题复习教学模式的探究"在中级职称论文评审中获得 B 级。非常感谢毛老师的悉心指导和帮助。

三年来,专业的成长让我的生活充满了自信和快乐!

# 附录 7　高一化学学习现状的调查问卷

同学们：

　　为了了解你对化学学科的兴趣、看法和学习情况，特进行本次问卷调查。我们将根据你的意见，进一步优化教学方法，提高课堂效率。问卷无记名，如实填写即可（题型为单选题和排序题两类）。谢谢你的配合！

　　你的性别＿＿＿（A. 男　B. 女）；你高二是否选修化学＿＿＿（A. 是　B. 不是）

　　1. 有人认为学习化学有用。你的观点是 …………………………（　　）

　　A. 没有用　　　　B. 用处不多　　　C. 比较有用　　　D. 很有用

　　2. 食品安全、环保观念、资源意识等科学素养中均包含化学知识，有人认为一个人需要具备一些与化学知识有关的科学素养。你的观点是 ………（　　）

　　A. 不需要　　　　B. 略需要　　　　C. 需要　　　　　D. 很需要

　　3. 从电视等媒体的报道中经常会看到一些悲剧事件（火灾、食品中毒、因环境污染而患疾病等）。有人认为要吸取以下教训：①社会相关部门没有做好防范工作，应负主要责任；②化学与人类关系密切，不懂化学终究要付出代价；③各级医院要建立治疗的绿色通道，尽力挽救生命；④要对全社会进行包括化学知识在内的科学素养教育；⑤其他。

　　你认为从中应吸取的教训是＿＿＿＿＿＿＿＿＿＿，其中最深刻的教训是＿＿＿＿＿，其次是＿＿＿＿＿（填编号）。

　　4. 有人说："学一点化学知识，就算不是为了升学，也可用于未来的自我保护；多一点包括化学知识的科学素养，也会得到别人更多的尊重。"你的看法是 ………………………………………………………………（　　）

　　A. 哪有这么巧，坏事不可能落到我头上

B. 我是好人,碰到事情一定会安然无恙

C. 此话有点道理,懂点化学是需要的

D. 此话很有道理,生活中充满着化学

5. 你对自己化学学习的评价是 ……………………………………（　　）

　A. 最薄弱　　　　B. 中下　　　　C. 中等或中上　　D. 良或优

6. 有学生认为上学期的期末考试成绩能反映实际学习能力和水平。你的观点是 ……………………………………（　　）

　A. 没有反映　　B. 有些反映　　C. 基本反映　　　D. 如实反映

7. 目前学生化学学习中存在的主要问题有:①对化学没有兴趣;②缺乏学习方法;③听课质量不高;④作业质量不高;⑤其他。你存在的主要问题有_____ _____,其中最大的问题是_____,其次是_____（填编号）。

8. 你对自己学好化学的评价是 ……………………………………（　　）

　A. 没有潜力　　B. 有一些潜力　　C. 有较大潜力　　D. 很有潜力

9. 你对自己每次上化学课的评价是 …………………………………（　　）

　A. 不认真听讲　B. 偶尔认真听讲　C. 多数认真听讲　D. 全部认真听讲

10. 据了解学生常用的作业方式有:①全部参考同学;②抄自己的笔记;③和同学讨论后完成;④全部独立完成;⑤其他。你的作业方式有_____, 其中最常用的是_____,其次是_____（填编号）。

11. 当看到考试成绩不理想。你的心里感受是 ……………………（　　）

　A. 无所谓　　　B. 有一点难过　　C. 伤心　　　　D. 很伤心

12. 对课上没有听懂的知识或习题,解决的方式有很多:①请教同学;②请教老师;③自己思考解决;④从网上寻找答案;⑤等老师课上评讲;⑥有机会就解决,没机会就算了。你常采用的方式有_____,其中最常用的方式是_____,其次是_____（填编号）。

13. 学好化学有多种原因:①老师的教学水平;②自己的努力;③同学的帮助;④课外补课;⑤其他。

　你认为的原因有_____,其中最主要的原因是_____,其次是_____（填编号）。

14. 主动预习或复习上课内容是好习惯。你的情况是 ……………（　　）

A. 从没有　　　　B. 偶尔有　　　　C. 多数有　　　　D. 已养成习惯

15. 学好化学的方法有多种：①记忆；②刷题；③听懂；④总结；⑤答疑；⑥记笔记；⑦其他。你常用的方法有＿＿＿＿＿＿＿＿＿＿，其中最主要的方法是＿＿＿＿＿，其次是＿＿＿＿＿（填编号）。

16. 你对自主学习（如整理笔记、总结学法）的重要性的观点是 ……（　　）

A. 不重要　　　　B. 有一点重要　　　C. 比较重要　　　D. 很重要

17. 你对化学学科的态度是 ……………………………………（　　）

A. 不喜欢　　　　B. 喜欢一点点　　　C. 喜欢　　　　D. 很喜欢

18. 你对化学老师的态度是 ……………………………………（　　）

A. 不喜欢　　　　B. 喜欢一点点　　　C. 喜欢　　　　D. 很喜欢

19. 你希望化学老师改善的方面有：①讲课更加清晰、流畅，提高效益；②作业量不要过多，要注重质量；③和蔼可亲，课后和大家多交流；④课堂上多做实验，提高课堂讲解的生动性；⑤其他。

你希望改善的方面有＿＿＿＿＿＿＿＿＿＿，其中最希望改善的是＿＿＿＿＿，其次是＿＿＿＿＿（填编号）。

20. 你对化学老师课后辅导的态度是 ……………………………（　　）

A. 不喜欢　　　　B. 喜欢一点点　　　C. 喜欢　　　　D. 很喜欢

# 附录8　26位教师"循证研究"的问卷

_____老师：

　　您好！

　　欢迎您参加"有效共识"研究团队。为了了解您在参与本研究团队之后的学习收获和体会，并听取您对研究工作的宝贵意见，特设计本问卷。您的真实想法，对我们推进研究和改进工作将大有帮助。本问卷设单选题、多选题、排序题和问答题，请注意题型的提示。问卷时间大约为15分钟，非常感谢您的配合和支持。

课题组

2023年2月

- 性　别_____
- 年龄段_____
- 教　龄_____

　　第一部分　针对"学习目的、意义和行为实践"的调研

1. 学习教育经验的意义和目的

编号1　本研究团队的研究目的是开展化学课堂"有效共识"的教育经验移植研究，对此您的清楚程度是（　　　）。

A. 非常清楚　　B. 清楚　　C. 基本清楚　　D. 不太清楚　　E. 不清楚

编号2　本研究团队的研究意义是分享教育经验，培养青年教师，提高课堂效率，对此您的认同程度是（　　　）。

A. 非常认同　　B. 认同　　C. 基本认同　　D. 不太认同　　E. 不认同

编号3　您参加本研究团队的意愿程度是（　　　）。

A. 非常愿意　　B. 愿意　　C. 基本愿意　　D. 不太愿意　　E. 不愿意

编号 4　您觉得本研究团队的研究活动对您专业成长和提高课堂效率的帮助程度是（　　　）。

A. 很有帮助　　B. 有帮助　　C. 有一定帮助　D. 帮助不大　　E. 没有帮助

编号 5　有人说，教育经验贡献者的最大价值，不是要求教育经验的学习者，完全照搬自己的经验；而是要用自己的经验去点燃学习者的探索欲望和创新灵感，形成属于自己的学习经验。对此，您的认同程度是（　　　）。

A. 非常认同　　B. 认同　　C. 基本认同　　D. 不太认同　　E. 不认同

2. 学习教育经验的行为环节

编号 6　有人说，学习"有效共识"教育经验，首先要了解什么是"有效共识"，即"有效共识"的经验内涵（简称"内涵认知"）。对此，您的认同程度是（　　　）。

A. 非常认同　　B. 认同　　C. 基本认同　　D. 不太认同　　E. 不认同

编号 7　有人说，学习"有效共识"教育经验，必须要清楚"有效共识"在课堂上实施的要领，即需要借助观摩示范课例来感知要领（简称"要领感知"）。对此，您的认同程度是（　　　）。

A. 非常认同　　B. 认同　　C. 基本认同　　D. 不太认同　　E. 不认同

编号 8　有人说，学习"有效共识"教育经验，必须在清楚"有效共识"的实施要领后，即深入课堂实践，通过亲身感受来进一步掌握教育经验的实践操作（简称"实践体验"）。对此，您的认同程度是（　　　）。

A. 非常认同　　B. 认同　　C. 基本认同　　D. 不太认同　　E. 不认同

编号 9　有人说，学习"有效共识"教育经验，必须要有教育经验的沉淀载体，即将教育融入日常的教案、课件等教学资料中，以便学习者模仿或参照实施（简称"经验沉淀"）。对此，您的认同程度是（　　　）。

A. 非常认同　　B. 认同　　C. 基本认同　　D. 不太认同　　E. 不认同

编号 10　有人说，学习"有效共识"教育经验，不仅需要教师模仿、参考示范课例，更需要教师的自主运用和创新实践，将教育经验和自己的个性特长、校情、学情等因素结合起来（简称"自主运用"）。对此，您的认同程度是（　　　）。

A. 非常认同　　B. 认同　　C. 基本认同　　D. 不太认同　　E. 不认同

编号 11　有人说，学习"有效共识"教育经验是一个系统工程，需要上述五个方面（内涵认知、要领感知、实践体验、经验沉淀、自主运用）的共同参与，缺一不可。对此,您的认同程度是(　　　)。

　　A. 非常认同　　B. 认同　　　C. 基本认同　　D. 不太认同　　E. 不认同

　　3. 对"对话机制"的功能和实施效果的认识

　　编号 12　有人说,学习"有效共识"教育经验,建立和谐的对话机制是关键,没有对话,分享、传播教育经验的可能性就变得微乎其微。对此,您的认同程度是(　　　)。

　　A. 非常认同　　B. 认同　　　C. 基本认同　　D. 不太认同　　E. 不认同

　　编号 13　您觉得当前教研活动中的对话机制,对实现"有效共识"分享、传播的作用发挥的效果是(　　　)。

　　A. 很有效果　　B. 有效果　　C. 基本有效果　D. 不太有效果　E. 没有效果

　　4. 学习教育经验对学科教学的推动作用

　　编号 14　当前的网上集体备课活动,对你日常自主备课活动产生的指导效果是(　　　)。

　　A. 很有效果　　B. 有效果　　C. 基本有效果　D. 不太有效果　E. 没有效果

　　编号 15　当前的网上集体备课活动,对你提高课堂教学质量产生的效果是(　　　)。

　　A. 很有效果　　B. 有效果　　C. 基本有效果　D. 不太有效果　E. 没有效果

　　编号 16　当前的网上集体备课活动,对你提高教学研究的意识产生的影响是(　　　)。

　　A. 很有影响　　B. 有影响　　C. 基本有影响　D. 不太有影响　E. 没有影响

　　编号 17　你觉得通过参与本团队的教研活动,自己的专业水平和能力得到的进步程度是(　　　)。

　　A. 很有进步　　B. 有进步　　C. 基本有进步　D. 不太有进步　E. 没有进步

　　5. 运用教育经验的行为自觉

　　编号 18　在参与本研究团队后,用"有效共识"反思自己教学活动的行为程度是(　　　)。

　　A. 经常反思　　B. 反思　　　C. 基本反思　　D. 不大反思　　E. 不反思

　　编号 19　在日常备课活动中,用"有效共识"观点指导教学设计的意识是(　　　)。

A. 完全有意识　B. 有意识　　C. 基本有意识　D. 不大有意识　E. 没有意识

编号 20　在日常教学活动中,用"有效共识"观点反思课堂效果的意识是( 　　)。

A. 完全有意识　B. 有意识　　C. 基本有意识　D. 不大有意识　E. 没有意识

编号 21　在参与本研究团队的视频公开课中,用"有效共识"观点指导教学设计与课堂实践的意识是( 　　)。

A. 完全有意识　B. 有意识　　C. 基本有意识　D. 不大有意识　E. 没有意识

编号 22　在参与本研究团队的观课和评课时,用"有效共识"观点指导你行动的意识是( 　　)。

A. 完全有意识　B. 有意识　　C. 基本有意识　D. 不大有意识　E. 没有意识

编号 23　在参与你校的听课、评课等教研活动时,用"有效共识"观点指导你交流发言的行动情况是( 　　)。

A. 完全有行动　B. 有行动　　C. 基本有行动　D. 不大有行动　E. 没有行动

6. 对"学习经验达成目标"的理解

编号 24　有人说,学习"有效共识"教育经验,其成功的标志是形成个性化教学实践知识。这种教学实践知识既源于原有的经验,又高于原有的经验,具有一定自主性的创新成分。对此,您的认同程度是( 　　)。

A. 非常认同　　B. 认同　　　C. 基本认同　　D. 不太认同　　E. 不认同

7. 形成"二次经验"的现状

编号 25　当前,你形成"有效共识"教学实践知识的现状是( 　　)。

A. 完全形成　　B. 形成　　　C. 基本形成　　D. 形成一部分　E. 没有形成

8. 学校对教师参与本研究团队的态度

编号 26　你校教学管理部门对你参与本研究团队的态度是( 　　)。

A. 很支持　　　B. 支持　　　C. 基本支持　　D. 不太支持　　E. 不支持

第二部分　对"学习现状和学习体会"的调研

9. 对化学课堂"有效共识"教学主张的认识

编号 27　化学课堂"有效共识"的内容系统包括四个层级,它们分别是( 　　)。

A. 知识内容、方法内容、策略内容、观念内容

B. 知识内容、方法内容、观念内容、文化内容

C. 知识内容、策略内容、观念内容、文化内容

D. 知识内容、策略内容、思想内容、文化内容

编号 28　化学课堂"有效共识"的策略系统包括六个要素,它们分别是（　　）。

A. 目标、线索、结构、问题、媒体、方法

B. 目标、线索、结构、问题、环节、方法

C. 目标、线索、结构、环节、策略、方法

D. 目标、线索、结构、环节、策略、思想

编号 29　在化学课堂"有效共识"的经验模型中,连接"内容系统"和"策略系统"的桥梁是（　　）。

A. 目标　　　B. 线索　　　C. 结构　　　D. 问题　　　E. 环节　　　F. 方法

编号 30　化学课堂"有效共识"中的线索分为三种类型,它们是（　　）。

A. 知识线索、方法线索、文化线索

B. 知识线索、方法线索、思想线索

C. 知识线索、问题线索、思想线索

D. 知识线索、文化线索、思想线索

编号 31　化学课堂"有效共识"中的问题分为两种主要类型,它们是（　　）。

A. 大问题、小问题　　　　　　B. 核心问题、相关问题

C. 知识问题、方法问题　　　　D. 理论问题、实践问题

编号 32　化学课堂"有效共识"中的环节分为两种主要范式,它们是（　　）。

A. 引导—探究、自主—探究　　B. 引导—探究、合作—探究

C. 合作—探究、自主—探究　　D. 合作—探究、实验—探究

10. 学习"有效共识"用得最多的三种学习方式及其排序

编号 33（多选题）

当前,在学习"有效共识"的过程中,用得最多的三种学习方式是（　　）。

A. 学习经验内涵　　　　　　　B. 观摩示范课例

C. 体验课堂实践　　　　　　　D. 研发校本课程（教案、课件等）

E. 自主运用经验　　　　　　　F. 开展课题研究

G. 其他(　　)

编号 34(排序题)

请对上述曾用到的所有学习方式按重要性进行排序:

A. 学习经验内涵　　　　　　　B. 观摩示范课例

C. 体验课堂实践　　　　　　　D. 研发校本课程(教案、课件等)

E. 自主运用经验　　　　　　　F. 开展课题研究

G. 其他(　　)

→　　→　　→　　→　　→　　→

11. 对“对话机制”中关键要素的实践体验及其排序

编号 35(多选题)

学习“有效共识”教育经验中,您认为和谐的对话机制应包括哪些基本要素
(　　)。

A. 对话主体(包括主持人、参与者)

B. 对话素材(如观摩的课例、教案等)

C. 对话主题(如基于“有效共识”教学设计的讨论等)

D. 平等对话(主持人、参与者之间是平等关系,可以充分交流)

E. 对话内容(对话必须融入教育经验的观点,并贯穿全程研讨活动)

F. 对话方式(主持人要监控对话过程,防止对话跑题,并确保发言的机会、时
间尽可能均等)

G. 其他(　　)

编号 36(排序题)

请对上述所选的基本要素按重要性进行排序:

A. 对话主体(包括主持人、参与者)

B. 对话素材(如观摩的课例、教案等)

C. 对话主题(如基于“有效共识”教学设计的讨论等)

D. 平等对话(主持人、参与者之间是平等关系,可以充分交流)

E. 对话内容(对话必须融入教育经验的观点,并贯穿全程研讨活动)

F. 对话方式(主持人要监控对话过程,防止对话跑题,并确保发言的机会、时
间尽可能均等)

G. 其他( )

→ → → → → →

12. 参与研究团队的最大好处及其排序

编号37(多选题)

参与本研究团队,你觉得最大的三个好处是( )。

A. 可以分享团队成员的教学经验,取长补短,共同进步

B. 可以参考"有效共识"备课资料,节省备课时间

C. 可以学到"有效共识"经验,为发展自己的经验打基础

D. 可以拓宽自己的教学视野,助推自己的课题研究

E. 可以建立一定的人脉关系,为自己的专业发展服务

F. 可以助推新教材研究,尽快提高新教材的课堂实施能力

G. 其他( )

编号38(排序题)

请对上述所选的基本要素按重要性进行排序:

A. 可以分享团队成员的教学经验,取长补短,共同进步

B. 可以参考"有效共识"备课资料,节省备课时间

C. 可以学到"有效共识"经验,为发展自己的经验打基础

D. 可以拓宽自己的教学视野,助推自己的课题研究

E. 可以建立一定的人脉关系,为自己的专业发展服务

F. 可以助推新教材研究,尽快提高新教材的课堂实施能力

G. 其他( )

→ → → → → →

13. 参考"有效共识"进行备课的一般流程

编号39 在参与本研究团队后,参考"有效共识"后进行备课的一般流程是
( )。

A. 先看教材、教参—再参考"有效共识"资料—最后自己备课

B. 先看教材、教参—再自己备课—最后参考"有效共识"资料

C. 先参考"有效共识"资料—再看教材、教参—最后自己备课

D. 先参考"有效共识"资料—再自己备课—最后看教材、教参

E. 先自己备课—再参考"有效共识"资料—最后看教材、教参

F. 先自己备课—再看教材、教参—最后参考"有效共识"资料

G. 其他（　　　）

14. 对"有效共识"教学资料借鉴的方式和程度

编号40　对"有效共识"的教学设计（即教案），借鉴的方式和程度是（　　　）。

A. 稍作修改，直接使用　　　　　　B. 大部分参考，小部分自己设计

C. 小部分参考，大部分自己设计　　D. 碰到问题时再参考使用

E. 其他（　　　）

编号41　对"有效共识"教学课件，借鉴的方式和程度是（　　　）。

A. 稍作修改，直接使用　　　　　　B. 大部分参考，小部分自己设计

C. 小部分参考，大部分自己设计　　D. 碰到问题时再参考使用

E. 其他（　　　）

编号42　对"有效共识"配套练习，借鉴的方式和程度是（　　　）。

A. 稍作修改，直接使用　　　　　　B. 大部分参考，小部分自己设计

C. 小部分参考，大部分自己设计　　D. 碰到问题时再参考使用

E. 其他（　　　）

### 第三部分　针对"教师对研究工作建议"的调研

15. 针对当前网上教研活动的改进建议

编号44　对当前的"有效共识"教研活动有哪些好的建议？至少写一条。

16. 针对当前网上教研的自主努力的方向

编号45　作为学习者，为了更好地提高学习效果，可以在哪些方面做出努力？至少写一条。

（注：编号1～26是等距量表中的单选题；编号27～42是计数量表中的单选题和多选题；编号44～45是简答题。）

# 附录9　13 所学校"实地调研"的问卷

尊敬的_____学校领导：

　　您好！

　　感谢贵校支持青年教师参与"有效共识"研究团队。为了了解青年教师参与本研究团队的学习情况和收获，以及听取学校对本研究团队的工作建议，现设计本问卷。

　　本问卷设单项选择题和简答题两种题型，拟采用座谈会或网上问答的形式，时间在 15 分钟左右。感谢您的配合和支持！

课题组

2023 年 4 月

## 一、基本情况

- 学校所属区_____；
- 参与调研的学校负责人职务_____；
- 参与研究团队的青年教师人数_____；
- 青年教师的教龄_____；
- 青年教师是否师范院校毕业_____；
- 青年教师是否担任班主任_____；
- 青年教师任教化学的班级数_____。

　　第一部分　对"学校对研究活动的态度、网上教研认可度"的调研

1. 学校对青年教师参与研究团队的关心和支持程度

编号 1　学校对青年教师参与本研究团队的态度（　　　）。

A. 非常支持　　B. 支持　　C. 基本支持　　D. 不太支持　　E. 不支持

编号2 据您了解,贵校的青年教师对参与本研究团队的意愿程度是( )。

A. 非常愿意 B. 愿意 C. 基本愿意 D. 不太愿意 E. 不愿意

编号3 据您了解,贵校青年教师对参与本研究团队的收获和体会是( )。

A. 很有收获 B. 有收获 C. 基本有收获 D. 不太有收获 E. 没有收获

2. 学校对研究团队开展网上教研形式的认可程度

编号4 网上集体备课可以跨越时空限制,实现不同区、不同学校之间的教育经验的分享和资源的共享,对此您的认同程度是( )。

A. 非常认同 B. 认同 C. 基本认同 D. 不太认同 E. 不认同

编号5 您认为,本研究团队每周一次(每周四,19:00～20:30)的网上备课活动,对分享、传播教育经验的有效程度是( )。

A. 很有效果 B. 有效果 C. 基本有效果 D. 不太有效果 E. 没有效果

编号6 您认为,本研究团队每周一次(每周四,19:00～20:30)的网上备课活动,对提高青年教师新教材备课能力具有的作用是( )。

A. 很有作用 B. 有作用 C. 基本有作用 D. 不太有作用 E. 没有作用

编号7 您认为,本研究团队每周一次(每周四,19:00～20:30)的网上备课活动,对提高青年教师新教材实践能力具有的作用是( )

A. 很有作用 B. 有作用 C. 基本有作用 D. 不太有作用 E. 没有作用

编号8 您认为,本研究团队每周一次(每周四,19:00～20:30)的网上备课活动,对提高青年教师课堂实践反思能力具有的作用是( )。

A. 很有作用 B. 有作用 C. 基本有作用 D. 不太有作用 E. 没有作用

3. 学校对青年教师参与研究团队后专业发展的认可程度

编号9 您认为参与本研究团队的青年教师在教学能力上提高的程度是( )。

A. 很有提高 B. 有提高 C. 基本有提高 D. 不太有提高 E. 没有提高

编号10 您认为参与本研究团队的青年教师在课堂效果上的表现程度是( )。

A. 很有表现 B. 有表现 C. 基本有表现 D. 不太有表现 E. 没有表现

第二部分　对"学校对研究团队的了解程度、对青年教师专业发展需求"的调研

4. 学校对本研究团队主要研究任务的了解

编号 11　据您了解,本研究团队的主要研究任务是(　　)。

A. 指导青年教师开展课题研究

B. 指导青年教师开展新教材备课

C. 指导青年教师开展课堂实践

D. 既指导青年教师开展新教材备课,又指导青年教师开展课堂实践

E. 其他

5. 学校对青年教师专业素养发展的需求

编号 12　您认为,青年教师最需要提高的专业素养是(　　)。

A. 课题研究能力

B. 新教材备课能力

C. 课堂实践能力

D. 新教材备课和课堂实践能力

E. 与人沟通的能力

F. 其他

第三部分　对"学校对研究团队的工作建议、对青年教师的学习要求"等调研

6. 学校对本研究团队改进工作的建议

编号 13　为了帮助青年教师尽快地提高备课、上课的能力,您希望本研究团队有哪些可以改进的工作?

7. 学校对青年教师改进学习提出的要求

编号 14　为了帮助青年教师尽快提高备课、上课的能力,您希望青年教师有哪些可以改进的地方?

8. 学校可以配合的资源和改进的工作

编号 15　为了支持本研究团队的工作,您觉得学校有哪些可以配合的资源和工作?

(注:编号 1～10 是等距量表中的单选题;编号 11～12 是计数量表中的单选题和多选题;编号 13～15 是简答题。)

# 附录 10　化学课堂"有效共识"课堂教学评价表的评分细则

满分 100 分。权重分配:教学设计(30 分),教学策略(60 分),核心素养和微观技术(10 分)。以下为评分细则:

## (一) 教学设计(30 分)

教学设计评价,一方面反映"有效共识"的内容系统,另一方面预见"有效共识"的策略系统。主要通过教案文本进行,对应的评课原则是"设计的预见性"。

1. 教学目标的描述(10 分):一般需要体现"三段式"(学习条件＋核心知识＋核心素养或方法内容、学科观念、文化内容)的描述格式,逻辑关系清晰,文字表达规范。描述格式不符合,一般为－5 分;逻辑关系不清晰,文字表达不规范,一般为－5 分。鼓励个性化创新做法。

2. 教学栏目的体现(10 分):在教学栏目中应努力体现目标、线索、结构、问题、环节、方法等"有效共识"的策略要素。策略要素体现不充分,一般为－5 分;策略要素没有体现,一般为－10 分。鼓励个性化创新做法。

3. 教学过程的体现(10 分):在教学过程中应努力体现教师行为、课堂结构(板书结构)、核心素养(方法内容、学科观念、文化内容)等要求,教师的教学行为在整个教案中应达成总体上的一致性。教学过程体现不充分,一般为－5 分;教学过程没有体现,一般为－10 分。

## (二) 教学策略(60 分)

教学策略的评价,反映的是"有效共识"策略系统在课堂上的落实效果。主要通过课堂观摩并聚焦教师的行为来进行,对应的评课原则是"思维的流畅度"

"教学的节奏感""课堂的层次性"。

1. 目标(M;5分):课开始时点明,中间或结尾时呼应。课开始时没有点明,一般为-2分;有明显的偏离目标的内容或行为,或者出现科学性错误,一般为-5分。

2. 线索(X;10分):从前后整体看,有清晰的知识线索,应提炼至少一条方法线索或思想线索。知识线索不清晰,一般为-5分(主要看教学设计的纵向结构、板书结构);其他线索(方法线索、思想线索)没有体现,一般为-5分。

3. 结构(J;15分):前后整体看,课堂结构应基本合理,形成教学的基本思路。局部不合理,一般为-5分;整体不合理,一般为-10分;没有课堂结构的意识,一般为-15分。

4. 问题(W;10分):有清晰的问题类型(核心问题、相关问题)和逻辑关系(并列、递进等)。问题层次不清晰为-5分,问题层次混乱为-10分。

5. 环节(H;10分):"引导—探究"范式,凸显教师的点拨行为和方式;"自主—探究"范式,凸显教师提供的素材和学生探究的过程。具体教学环节要简约、清晰、可操作。教学范式分类明显不合理,-5分。在教学范式分类清晰的前提下,教学环节的设计、落实不够清晰,或者明显不合理,-5分;很不清晰,-10分。

教学环节体现了教师的教学行为。教师的教学行为一般有:(1)导入/引言;(2)讲解/讲述;(3)提问/思考;(4)点拨/启发;(5)板书/板演;(6)探究活动/小组讨论/师生互动;(7)演示实验/小组实验;(8)小结/总结/建模;(9)微观技术(①记录/标注;②圈画;③留白;④资料的粘贴;⑤内容的提醒/小问题的穿插;⑥视频的暂停、旁白等)。课堂教学中重要的、关键的教学行为就是教学环节。

6. 方法(F;10分):每堂课应有总结学习方法的行为和符号痕迹。总结不到位,一般为-5分;没有方法总结的意识和行为,一般为-10分。

## (三) 核心素养和微观技术(10分)

1. 核心素养(H2;5分):要有明显的、合理的全程贯穿的核心素养的行为表现,表现的方式有行为落实、语言点击、符号标注等。表现不到位,一般为-2或-3分;没有表现,一般为-5分。

2. 微观技术(W2;5 分):每堂课都应有合理的、必要的圈画、记录、空白、粘贴等微观技术行为。表现不到位,一般为－2 或－3 分;没有意识和行为,一般为－5 分。

### (四) 特色加分(5 分)

对体现"有效共识"特别成功或精彩的地方可酌情加分,加分一般不超过5 分。

# 跋　我的三本小书与化学课堂"有效共识"

我 1991 年参加工作,经历了"一期课改"和"二期课改",当前正在经历双新改革的课堂实践。1995 年破格晋升中学一级教师,2000 年评为中学高级教师,2017 年评为特级教师,2022 年评为正高级教师。

在三十多年的教学研究和课堂实践中,共出了三本小书,仔细回味,这三本小书的研究内容均指向一个目标,即化学课堂"有效教学"。大约从 2012 年开始,将"有效教学"更名为"有效共识"。理由是研究成果凝聚了久隆模范中学化学组的集体智慧和思想共识。"有效共识"的提出,一方面总结和统整了先前研究的成果,另一方面也引领和拓展了后续研究的方向。

**第一本书《实验·模式·案例》,总结有效教学研究的三个主题及其课堂实践。**

1994 年开始实验研究。实验研究包括两个方面:一是实验要素的研究;二是实验教学的研究。前者针对化学实验要素存在的问题及改进开展研究。例如,实验操作的简单可行、实验现象的清晰稳定等。后者针对实验教学方法的探索开展研究。例如,如何更好地借助实验中的意外现象进行生成性教学等。研究成果先后荣获上海市青年教师课题三等奖、全国化学教研论文大奖赛一等奖,连续开设区级、市级、全国级公开课,在核心期刊《化学教学》发表文章 2 篇。

1997 年开始模式研究。研究启蒙于化学特级教师孙元清老师的"关于教学模式研究"的文章和化学特级教师施其康老师主编的《化学学科课堂教学模式的研究和实践》一书。1999 年,在师父化学特级教师张长江老师的指导下,运用教学模式设计"化学肥料"一课,荣获全国中学化学教师优质课评比二等奖。2001—2004 年,在博士生导师上海师范大学吴俊明教授的指导下开展"高中化学课堂教学中研究性学习教学模式研究",研究成果荣获上海市教科院学校科研成果三等奖。

2003 开始案例研究。案例研究包含"案例教学"的研究和"教学案例"的研究两个方面。关于"案例教学"的研究,提出了"化学教学中开展案例教学的几点思考",研究成果发表于核心期刊《化学教育》;主编了上海市拓展型课程教材《身边的化学》(上、下两册),由上海教育出版社出版。关于"教学案例"的研究,重点研究了两个案例"标定三个系数,配平氧化还原方程式"和"化学新课程定量实验的作业设计",研究成果分别发表在《上海教学研究》和核心期刊《化学教学》。

2007 年开始总结、整合三项研究,2009 年形成著作《实验·模式·案例》,由上海教育出版社出版,并荣获上海市教科院学校科研成果二等奖。

**第二本书《化学课堂"有效教学"研究》,总结有效教学的四点共识及其课程研发。**

2007 年,我由上海市闸北区教研室副主任(化学教研员)调任上海市久隆模范中学副校长(上海市唯一一所全免费的区级重点中学),分管教学并承担化学教学工作。

为了打开工作局面,我确立了有效课堂的研修主题,组织系列教研活动,贯穿教学管理的全程。为了带领全校教师共同探索有效课堂,我带领化学组首先开启了"有效教学"的研究征程。

研究过程是:第一阶段,提出"三个"关键词("线索""结构""环节"),形成"有效教学"的初步共识。第二阶段,形成"五个"关键词(增补"问题""方法"),完善"有效教学"的基本共识。第三阶段,提炼"四句话",形成"有效教学"的四点共识,即目标恰当,形成合力——"有效教学"的基本前提;"线索"清晰,"结构"合理——"有效教学"的重要保证;抓住"问题",突出重点——"有效教学"的关键技术;体现环节,精炼方法——"有效教学"的核心标志。第四阶段,研发基于"有效共识"的校本课程。

2012 年,总结研究成果,荣获上海市教科院学校科研成果奖一等奖,并由上海教育出版社出版;2014 年,"有效共识"校本课程荣获"中国化学会新课程实施精品课程";2016 年,研究成果被评为"十三五"上海市教师培训共享课程。其间,在《化学教育》《化学教学》《中学化学教学参考》发表文章 10 多篇。

**第三本书《"优质教育经验"异地移植的运行机制研究》，总结"有效共识"的经验模型及其移植机制。**

第三本书（即本书），一方面是对"有效共识"研究成果的再次总结和提升，重点增补了四层级内容系统，并建立了与六要素策略系统的联系，从而构建了相对完整的"有效共识"教育经验模型；另一方面，研究形成了"优质教育经验"异地移植的工作模型、两个工作机制（运行机制、对话机制）与三种教研模式，并研发了大量的案例。显而易见，第三本书是前两本书的衔接和生长，同时又是深化和发展。

三本小书既是化学课堂"有效共识"研究的成果载体，更是组织关心、领导支持和专家指导的重要见证。在这里，要感谢区教育局为书的出版提供的资助，感谢区教育学院在课题研究中给予的指导和帮助，感谢久隆模范中学的领导、教师给予的关心和鼓励。我的挚友、上海教育出版社编审徐建飞先生，为三本书的出版付出了大量的时间和精力，他的专业智慧和敬业精神令我敬佩。

特别要感谢我的四位恩师（马明怡、奚仲廉、张长江、吴俊明），他们教会了我怎样做一位好老师，怎样在逆境中历练自己，他们是我追梦的引路人和永远的精神力量！

毛东海

2024 年 9 月 1 日于经纬蜗居